U0122826

假如我
再次健全

岑幸富 著

高永文醫生
前食物及衛生局局長

當我打開書本第一頁看到這一句,「接受自己和家人的不完美,才是克服恐懼、對抗別人用取笑作為武器的最佳方法。」真的好棒,作者岑幸富,他做到。

人當面對困境時,只有積極和消極兩種方法去處理,一個選擇是朝向陽光大道,另一個是走向幽暗深谷。作者由發生意外到尋回自信也要掙扎多年,由放棄自己或想過放棄生命,幸好在他心中還記起父母和家人的愛,朋友對他的不離不棄。他們陪伴着作者去解決可用一隻手去做的事,鼓勵他如何面對生活上的困難。這個故事提醒我們無論你是健全或不健全的人,每個人的生命都是有其價值!

由「不可能」的事,進步到「試過先知」,真的不容易。命運中他邂逅了琴行中一位女孩,給他的鼓勵和影響,成功學習了小提琴,更成為他生命中的重要人物。

在現今社會,大家面對負能量的時間很多,因此真的要想清楚,自己如何去選擇去處理。如果每人都能像作者一樣,朝着「我再次健全」的正確方向走去,就會發現世上無難事,只怕有心人。

張灼祥先生
前拔萃男書院校長

勇者之言

幸富希望我為他的新書寫序。

當然可以。

去年有機會看到幸富的初稿。他想說的話太多了，很想別人知多一些他的不幸遭遇。幸富犯了一般初學寫作的毛病，想到哪裏，想到甚麼，都寫下來，欲罷不能。

我當時給予他的建議：文章好看與否，不在於長篇大論，能化繁為簡，直指人心，會更能打動人。

幸富從善如流，作出修改。

幸富的筆調並不沉重，身體的缺陷，他勇敢面對了。往後日子，他活得精彩。他把個人經歷書寫下來，真情流露。他的作品耐看、好看，亦在於此。

顧紀筠女士 (顧老闆)
資深電視主持人 / 作家

這篇序，其實是一篇道謝的文章。

首先我要感謝朋友 Emily 叫我寫這篇序，然後我透過文字，認識到阿富。他給我很多鼓勵和反省的機會。

收到阿富這本書不久之前，弟弟也失去了一隻耳朵的聽覺。我跟弟弟說：「假如上天要取走你一樣東西，你寧可是一隻手、一隻腳、一隻眼、還是一隻耳？這個局面已是不幸中之大幸了！」後來收到岑幸富的這本書，覺得自己的說法不大恰當。過了幾天，大埔發生慘痛巴士交通意外，十九人死，六十六人受傷，令人心酸！除了破碎家庭，還有多少延伸下來的艱辛復元故事？！

《假如我再次健全》這本書，讓我看到一個單純的人，和他與他天使的互動。他受傷了，上天派給他一位天使，給他鼓勵與指引。讓他從一個普通人，經歷意外地截了肢後，卻變成一位快樂的超人！他將苦痛和困難輕描淡寫，沉重的事放輕鬆說！「生活不是深淵，如果你覺得自己下沉，只是因為地心吸力的原因。只要你環顧四周，每一個人都會落入不同的境況，看誰能最快站起來，誰就是贏家。當不了贏家也沒有關係的，因為生活不是戰場，無需要一較高下，當你休息足夠了，你會發現這個深淵是可以一步一步行過，甚至不用爬。」

受傷後，他把自己藏起來，躲在一個自己認為安全的角落，卻不自覺地委縮在框框裏。就如大部份遇到挫敗的人的處理方式，即使天使曾經出現，只因自我放棄，而無視天使的存在！

健全並不寫包單能做到甚麼？健全並不是用肢體形態去衡量的，而是看內心是否夠強大，觀點是否在正面。健全是自己接受自己是甚麼樣的人！天使 Cherry 說：「善用你的缺陷，而化作缺陷美！這就是你的價值了！」

阿富寫道，「有時我以為自己再也承受不起傷害，而去刻意避免受傷，可能真的會比一般人少了受傷的機會，但同樣也會失去了很多的色彩。」我是一個四肢健全的人，但很多時候我都會缺乏勇氣、毅力，沒有把事情做好！阿富提醒我，「肯想就有機會成真！肯試就有機會成功！」一個不會游泳的人，一個月後要參加三項鐵人賽！單手怎樣騎單車呢？他都做到了！我的包袱怎麼比他還要多呢？！

生命之所以乏力，是因為失去了夢想，不是因為失去肢體！內心的苦澀是因為失去了愛，所以空洞！假如有愛與夢想相隨，人生就是快樂健全的！

謝謝阿富，感恩！

鍾惠玲博士
再生慈善基金創會會長

已有多年沒有閱讀過一些病患過來人的分享。喜聞岑幸富先生出書立著，心底充滿由衷的敬意。沒有任何保留、沒有一點埋怨，幸富展現的經歷正是堅毅生命的亮麗典範。

如斯嚴重的身體殘障是如何蹂躪着幸富的身心，我並不相信讀者會輕易明白——畢竟沒有相同的經歷，也難有相同的感受。然而，幸富的刻劃是如此細緻、高雅，在閱畢他的自身故事，我內心深處激起絲絲的同理心。幸富的歷練，正好說明生之無常、卻又點出生之樂趣；此書文字的穿透力值得我們再三閱讀、細味。

命運向幸富開了一個不簡單的玩笑，殘障帶來的傷痛、與逆境邂逅、面對世俗的各樣枷鎖，種種挑戰實不足為外人道。然而幸富堅毅的生命力、正面的人生態度，帶他走出了哀傷的幽谷。透過本書我們可體驗及印證：「生活雖然艱苦，逆境自強，生命才有意義。」

本人向各位推薦此書——相信大家也可一同感受到幸富難能可貴、充滿情感的傑出典範！

劉韻慧女士
香港傷健協會服務總監

幸福……感染力

每當我們想起「假如……」也是因為在生活遇上了失敗、失意及悲哀,我們期望「假如……」的想法尋找冀盼、維持意志或建立樂觀感!

在《假如我再次健全》一書中,我們能感受到阿富如何從愛情中得到幸福,正因為這份幸福的力量,讓阿富培養「另類角度」去克服自身的傷殘。這種「另類角度」確是很特別,它擁有幽默、挑戰、善良、謙虛及勇氣;久而久之,這「另類角度」成為一種強大的感染力,他教懂我們的不是「假如……」,而是從生活中找尋微小的幸福,從享受幸福的過程中散發生命的感染力!

真心敬佩很努力的岑幸富先生!

林浩賢先生 (Foley)
弦續創辦人之一

「究竟拉小提琴最困難的是甚麼？」這是我經常問別人的問題。

「姿勢？持琴？持弓？按弦？拉弓？音準？拍子？」無論是懂或是不懂音樂的朋友一貫的回應。

而我覺得，沒有手才是拉小提琴的最大困難，因為小提琴是用手拉的，沒有手，甚麼也不行。

早在二零一五年尾，我開始着意這個議題，並想尋找一些「一般人認為不能拉琴的人，例如手部有缺陷或手部截肢者」，教導他們拉到小提琴，令他們重拾自信，令他們的人生充滿希望和意義。當時問過很多社福界和醫療界的朋友和專家，可惜都找不到此類人士。

因緣和合，直到二零一七年中，在偶然的情況下和好友香港截肢者協會主席翟文鳳小姐傾談此心願。經她的穿針引線下，認識了阿富。深入了解阿富的經歷，知道他克服困境，再創人生。近年屢遇人生低潮的我也被他的故事感染，於是我決定義務教導他拉小提琴，並定期上堂練習。

阿富和我一見如故，理念相近，組織了一個組合名為「弦續 Forever Fiddlers」，目的是記錄他和我在提琴拉奏上的一些經歷點滴。很感恩，「弦續」公開後，在我們的圈子裏都出現微妙的變化。首先，接受多份報章雜誌訪問及公開邀請。接着，有香港中文大學機械工程學系聯合威爾斯親王醫院等多位專家為阿富合力研究新義肢，大大改善他的拉琴技巧。

我不是阿富的第一個小提琴老師，聽他說學琴初期所遇到的障礙並不簡單。以前對音樂一竅不通的他，三十多歲才起步。藉着「弦續」，我們想令更多手部截肢者和傷殘人士重新振作，令他們知道學習拉小提琴及其他樂器是可行的，因為我深信每個人都有享受音樂的能力和權利！希望促進更多傷殘人士學習樂器！

　　此外，我們想宣揚一個重要訊息：告訴給那些「總是覺得自己遲起步就認為沒可能」的人知道，起步了，最重要的不是結果；而是參與的鬥志，挑戰的精神，最重要是讓他們知道我們不是尋找一個完美的自己，而是學會用完美的眼光欣賞那個不完美的自己。阿富做得到，你們怎會不成功？「弦續」的發展，最重要是找到更多像阿富一樣的同路人加入，歡迎各位到我們的 Facebook 專頁詳閱：https://www.facebook.com/ForeverFiddlers/

　　如果現在問你「究竟拉小提琴最困難的是甚麼？」，你會怎樣答？

李梅珍 (Jane)
製作團隊成員之一

　　二零一七年是我一生中不平凡的一年，中間有喜有悲，心路歷程的喜怒哀樂，不停的衝擊我。命運巨輪運轉的速度，令我有點招架不來。出書一事，亦是我一生人做得最快的決定，當時我一心只想幫別人完成夢想，而那個人便是岑幸富，阿富。

　　跟阿富一家的認識，始於二零一七年七月一日回歸日香港截肢者協會的首個分享會。因緣際遇，九月下旬，我在運動改變人生基金會的頒獎禮跟他們一家再碰上，得知阿富寫了一本洋洋四萬多字的作品參加比賽，可惜名落孫山，未能脫穎而出，失落了出版權，他本打算置之一角，待女兒成長後寫後續。我借讀後，大膽向阿富提議，趁現在時候出版，用生命影響生命，令失意人得到鼓勵；如現把它放在一旁，怕的是等二十年後女兒寫後續，他的經歷便成塵年舊事，很難引起讀者共鳴。

　　跟着我向身邊的朋友談及此事，他們不斷給我建議和鼓勵，得到朋友何曼盈的引見，十二月二十七日跟黎社長見面，了解出版事宜，和阿富商量後，決定出版。二零一八年春節前請蔡群前輩幫忙拍攝照片，更多謝各方朋友的協助，請來各位社會賢達在春節前替本書寫序。整件事能在短短半年，已做好前期工作，對我和阿富這兩個新手來說，簡直是如有神助，我們期望本書能如期在二零一八年中出版，可以趕上書展，跟大家見面。

這本書的出版，除了完成阿富的作者夢，我們打算將賣書得來的收入，扣除成本後，收益捐贈給其他慈善機構，延續它的使命，所以我們會努力做好這本書，希望它能為其他受惠者帶來希望。

阿富是一個很勤力，有幽默感的人，而且心地善良，充滿愛心，勇於嘗試，連我這個懶惰人都要加把勁直追，向他學習。他令我重燃我對人的真善美，再次擁抱，再次信任。

衷心多謝阿富對我的信任，多謝。

自序

一轉眼兩年過去了，兩年前我是「年輕作家創作比賽二零一六／一七」入圍者。

每一個評審指導三位入圍者，以協助我們完成作品。

張灼祥校長是我的指導，寫作主題是「未來」。

這是一個多麼尷尬的主題，我多麼希望用植牙的技術，直接跳到植手的層面上。

張校長一愣，繼而說道：千萬不要這樣，你的作品是從生活中，提煉的文學創作，如果和科幻扯上關係，會空缺了真實的情況。

我疑惑地說：但這次主題是「未來」。

張校長說：在你少年時光的回憶裏，直到現在，這個時代前行的片段就是未來。

面試日當天，首先用五至八分鐘推介書本的內容。我被經驗主宰要帶出普世性主題。

我亢奮地介紹着我的作品說：我盼望閱讀完這本書的讀者，猶如置身一場生命分享會⋯⋯

介紹結束以後，我沒有辦法令到全體評審都望着我，我才知道自己用錯了推介的方法。

其實這本書最主要並不是想帶出個普世性主題的，

而是一本自傳式愛情小說，截肢後的所有生活化例子，借 Cherry 口中說出。

但我僅有的五至八分鐘已經用完了。我曾經料想過，非常無奈的現實問題還是出現了，我落選了。

這比賽年齡限制三十五歲以下。

今年我三十七歲了，明年就叫我太太和女兒參加，在我的作品加入她們的心路歷程，書名叫《假如我丈夫／父親能健全》，實行愚公移書。

最後，我假裝瀟灑地把作品放下了。

直到有一次認識了 Jane，宛如向一個新認識的舊朋友一樣，將我作品的故事道來。她看完我的作品，覺得擱置太可惜了，率先掏心挖肺地找出版社，建議拜託哪些人寫推薦序，安排拍攝封面等，她的幫助，就如同走在路上看見一盞閃着綠色的交通燈，令我對作品重拾信心。

後來有同路人看了我的其他報道後，留言給我，說得到鼓勵，確認了我能透過文字，和潛藏的傷健人士彼此交流。

我相信這只是個開始，我希望自己還有能力寫更多作品，用最貼近本質的文字樸素地記錄下來，我希望讀者透過我的書本，就能和我去一趟有志者事竟成的夢想之旅。

最後多謝 Collan 帶我回來社福界，找到屬於自己的海洋。

假如
我再次健全

作者 褚辉富

目錄

第一章

1. 真實的夢

　　終於不用苦惱，怎樣教我女兒對她的同學說：她爸爸是一個傷殘人士……

　　太太說：接受自己和家人的不完美，才是克服恐懼、對抗別人用取笑作為武器的最佳方法。

　　說完，她就抱起女兒，拖着早已收拾好的行李，頭也不回地關門離開了。

　　最後一眼看着女兒伏在母親的肩膀上，把眼睛睜得大大地看着我，好像想告訴我甚麼似的。

　　此刻家裏只剩下一個健全的我。

　　影像慢慢地變得模糊，空間愈來愈暗，時間也變得愈來愈慢，最後一切都靜止了。

　　我緩緩地張開眼睛，房間燈光將漆黑全抹滅去。原來剛剛是做了一場夢，但夢境很真實，我流了很多汗，把衣服全都浸透。

　　我看看自己的身體，紗布從手踭位置開始，由下而上，順時針地包裹着左邊的手臂，包得好像棒槌一樣。我下意識動了動左手，想看看發生甚麼事情。無論我多努力，我只能控制我的左上臂，我用以往提起手掌的方法，只看見我每控制一下，藏在紗布下的神經線和肌肉，就像心跳似的震動了一下，牽引着紗布高低起伏，我才意識到我的左手應該沒有了！

「截肢」，這個詞彙從腦海裏浮現出來……

目光慢慢移到下半身，發現左腳正被一個不知叫甚麼，只知道很嚇人的鋼架吊在半空，在那鋼架的中間，有一條鋼條之類的東西在我的腳面，不是架在腳的上面或托在下面，而是貫穿了我的左腳！左邊入，右邊出，看起來很不真實……此刻，我大概意識到自己身在醫院。後來，我才知道這條鋼條的作用，是用來固定腳骨，防止康復過程中會發展成長短腳。

2. 噩夢

這也是夢境嗎？還是一個醒不過來的噩夢？

那一瞬間，腦海浮現出真實的畫面，我再也欺騙不了自己。

我想起了自己是一間速遞公司旺角區的員工，旺角區包括旺角、九龍塘、深水埗、太子，當時速遞公司剛剛取消加盟制，改為直營制。

　一切發生得很突然，我還清楚記得，那天是星期天，本來不用我上班的，旺角區的老闆問我：明天可以回公司幫手嗎？因為星期天人手不足夠。

　我一句「沒所謂」，就踏上了我截肢的人生。

　因為今天貨物特別多，我們拆貨櫃拆了半天，貨物把貨車塞得水泄不通，司機提議先去古洞街市買兩罐飲料來喝，我興奮地拿着鋁罐，坐在乘客的座位上，扣好安全帶，滿足地喝着這一刻讓我感到快樂的飲品。

　誰也不知道，一場將會改變我生活軌跡的災難正在醞釀着。

3.「轟」

　　剛開始，我們是開着比平常還要快的速度，可能司機是想追回我們在古洞街市買飲品的時間。而我也跟平常一樣沒睡覺，呆望着窗外，腦袋放空地數着我們前面遠方的車輛，邊數邊納悶它們現在會去的地方，是去九龍，還是去港島？前面一共有三十部車輛……哎……這麼「齊頭數」，大概分心數錯了……我自小喜歡在煩惱的時候，無聊地想想和數數東西，唯一的缺點就是沒辦法驗算！但又有甚麼所謂呢？

　　無論有沒有數錯，那些車輛去的目的地是哪裏，也不重要了。只要此刻專注投入而忘記了煩惱，這就是偷得浮生半日閒吧。

　　我們的車在「新界環迴公路，錦繡花園路段」的快線上，快速的行駛着，我只看見右手邊有很多車輛，給我們吞沒着，消失在我們的前方，我看見我們前方的車輛閃着死火燈。

　　特別快，特別亮，前車的死火燈彷彿就在我面前，還相差五米就要撞上去的時候，我身體自然反應地向後縮，我感覺到我們的車輛是沒有辦法停下來了，本能地喊了一聲「啊」……但也只能發出了這麼一聲叫聲，然後司機迅速扭動方向盤轉向中線，轉向中線只是由懸崖走向峭壁，我們的處境依然沒有絲毫改變。

轉向中線，只是把我們撞車的時間拉長一點兒，我右手緊緊抓着中間的座位，左手撐着自己坐的座位，盡量讓自己縮在最貼椅背的位置，身體和椅背連一點點的空間都沒有了，做足了和前車相撞時的準備，希望把傷亡減到最低。

　　「轟」的一聲。

　　甚麼都在我預期內發生，唯一算漏了的，是司機竟然再度扭動方向盤，完全地用乘客的位置撞向前車。

4. 真相

　　左邊車頭凹陷了，剎那間我感受到清風，清風夾雜着無數的玻璃碎片，就像世界末日似的，向我撲面而來，塞住了我的嘴巴、鼻孔和耳朵……車頂也壓了下來，壓在我膝蓋上，左邊車門和我的左手扭作一團，車門把我左手手踭以下的肌肉全拉掉，天啊，我甚至認不出是自己的手臂，血淋淋的，連自己也不敢再看下去。

　　但我還是抱着幻想，希望我的手掌還在我的左手上，失控地大叫，我的手掌呢？我的手掌呢？我完全感覺不到它的存在，完全不能控制它……

　　我不停地慌亂大叫，就好像沒有得到答案前，事情就不會變壞一樣。

司機下了車，慌張地走過來，告訴我真相，他說：不用怕，我正握着你的手掌……

天啊，我人還在車內，而你在車外，竟然可以握着我的手掌？知道了殘酷的真相後，我的內心一片死寂，沒有再大叫了，傷心得連一點聲音都發不出來，閉上眼睛，不想睜開去面對，腦子一片空白。

直到聽到司機叫我不要睡，我情緒有點混亂，聽了有點想笑出來，這麼痛苦了，還怎麼能入睡，但已經連笑的力氣也沒有，嚴格一點，就是連笑的資格都沒有了。

5. 我要死了

被撞那車輛的司機，怒髮衝冠地跑到我們司機前面，大聲地質問：「你怎麼開車的？」我也在等待着我們這邊司機的答案，被撞那車輛的司機說完，再看看被困的我，然後再也沒有說甚麼了……

不用我們的司機去回答他的問題了。

而這個問題的答案，我永遠也不會知道。

十多分鐘後，消防車終於到了，我當時好激動，因為卡在這裏真是切骨鑽心的痛，一個消防員伸出手臂，讓我依靠着，我閉上眼睛，心想，如果這是夢，就快點讓我清醒過來吧！

一個小時過去了，我緩緩地被抬上救護車，送往當時新開了不久的北區醫院。

　　醫院門口有記者擋着我的擔架牀，猜想不到第一次上報紙是在這種情況下。

　　記者問我有沒有扣好安全帶？

　　我瞪了記者一眼，你阻擋着我，浪費了我寶貴的救援時間，就是為了問我有沒有扣好安全帶？對我的傷勢，他竟然絲毫沒有關心！

　　我沒好氣地說：我要死了。記者們才自覺地讓開。

　　事後，為了這件事情，我有好一段時間沒有買報紙看。

第二章

1. 痛心切骨

看着急症室非緊急等候時間是四小時，我第一次在急症室插了隊。

照完 X 光和磁力共振後，就看到舅父陪着我媽媽和弟弟，其實我是很害怕給媽媽看到我現在這個樣子的。我還記得小時候有一次，媽媽帶我和弟弟去食快餐時，媽媽一邊吃着薯條，一邊看着我說：富仔，你面部看起來瘦削了很多。只是簡單的一句說話，當時我沒有太在意，當我抬頭再看媽媽時，她已經在用手抹眼淚了。

一個連兒子瘦削了少許，也會流眼淚的媽媽，我真擔心，讓她知道她兒子發生了交通意外，她那種痛心入骨的反應會是怎樣……但這已經是個鐵一般的事實，不可改變，也不能避免。

我最害怕出現的一幕，無可避免地上演了，媽媽看到我，右手掩住口部，左手掩住心口，震抖着兩腳，自然反應地退後了兩步，她那種痛心切骨的痛，令整個空間都停止了，她不能相信躺在擔架牀的就是她兒子，直到她說出第一句說話：富仔……一切才按回軌跡運行着。

弟弟和舅父跟着對我說：別害怕，一切都會過去的。

說完，我就被推進手術室了。

2. 這是現實

接下來，我的記憶令我確定了，這是一個不折不扣的現實！

我再環顧四周，只看見有三四張沒有病人的病牀，相隔很遠地排成一個正方形，還有一個穿着護士服的姑娘好像正翻看文件。這個環境，還真讓人覺得安寧，卻蒼白空洞。

護士好像知道我看着她，轉過身來關心道：你終於醒來了？

我反應不過來，各種焦慮、疑惑、迷惘、無奈，頃刻間湧上心頭，牢牢地盯着護士問：這裏是甚麼地方？

問了自知問來多餘的問題……

護士答：這裏是深切治療部。

倒是答得很具體，雖然我連這個部門醫甚麼的也不知道，只知是一個專業名詞。

她說：你的嘴唇很乾，需要我幫你在唇邊滴些水嗎？

我沉默半晌，說：好吧。

護士知道我心不在焉，笑了笑，問：你有對當天開車的司機生氣嗎？

我強笑了一下說：生氣又能怎樣。

這句話，說在口頭上，很得體，很世故；說在心裏，只是自我安慰的無奈。

她回過頭來，怔怔的望着我說：好吧，你需要止痛針的話，就叫我吧。

我心裏想，真正世故的，原來是這個護士。

護士看見我充滿疑惑，就打量着我的左手說：因為車門夾碎了你左手的手骨和神經線，你的斷肢是用手肘下面的皮蓋到上面的肉上，然後再用針線縫合。

我皺着眉頭說：光聽着，已經覺得很痛。

3. 簽同意書

護士開始延伸着她的說話，問道：你知道嗎？昨天你進入手術室後，手術室外面塞滿了在等着你做手術的朋友和同事，當醫生問你家人願不願意簽截肢同意書的時候，你媽媽差點暈過去。

你媽媽力竭聲嘶地問醫生：還有其他辦法嗎？

我的兒子才二十三歲！聲音傳到走廊每一個人的心裏，發酸的感覺由骨子裏面透出來。最後你媽媽還是不能下筆，截肢同意書由你舅父代簽了。

聽完護士的敍述後，我不期然地看着我短絀絀的截肢，我想起了我的家人，我覺得辜負了他們。

我想起有句廣東話的順口溜「細時不讀書，大時做運輸」，可說是知識改變命運的通俗版。因為小時候我曾經自信地答應媽媽要好好讀書，如果我沒有食言，長大後就不用做運輸行業為生，而發生交通意外了。

每個人往往在彼一時裏，都會把曾經許下的承諾忘記得一乾二淨。

4. 對不起

我和弟弟是在家鄉長大的，小時候寄養在姨丈的家裏，寄養使我們從小就要學會獨立，我們還會比其他小朋友少了一種撒嬌的權利！

無可否認，姨丈的教育方法是很好的。

我記得那時他們是開美式桌球室的，賺回來的錢都放在靠近門口木枱的抽屜裏，然後在抽屜的外面加上一個鎖扣，再套上鎖頭。

有一次，我趁姨丈上洗手間的時候，迅速地把右手邊那個沒有鎖頭的抽屜整個拉出來，蹲下身子，然後我用細小的左手，從右手邊伸入左手邊的抽屜，穿過最頂的隙縫，左右一掃，終於給我的手指碰到兩張紙張，這一定就是錢了，我用食指和中指再加上無名指一夾，然後水平地把紙張拖出來，低頭一看，太好了，是一元和五元面值的紙幣，然後我就把五元的紙幣放回去，因為一元面值不太大，不容易發覺少了錢，心想盜亦有道，夠用就可以了，然後興奮地把右手邊的抽屜快速地還原。

　　怎料姨丈已經筆直地站在我面前，我怔了幾秒，下意識向着門口飛奔起來，離門口還有半米時，姨丈也反應過來，他幾個箭步就已經超過了率先啟動的我，擋在門口中間，我知道我已經徹底事敗了，只好乖乖地伸出手腕，顫抖地把手掌打開，只見手心中是一張壓縐了的一元面值紙幣。

　　今次慘了，唯一不幸中的大幸是，偷的不是五元。我當時腦子裏盤旋着一句說話，就是說不出口，因為那時候我還沒真正體會出這句話的重要性。

　　怎料，姨丈用右手把我顫抖着的手掌再度合上，意味深長的看着我，再把左手放在我的肩膀上，說：你拿去吧！

我愣了，他連一句責罵也沒有，心情反而更加沉重，這是否意味着，姨丈從此不再理會我呢？我急得哭了起來。那句在我腦海裏說不出來的話，其實就是：對不起。

從此我再也沒有偷東西了。

5. 沒有下雪

小時候，我的家鄉連大型一點的商場也沒有，所以從來沒有看過升降機是怎麼樣的，媽媽說爸爸在香港是租朋友的一個房間，和朋友家人一起住的，住在十一樓，不用行樓梯，因為香港人會坐升降機回家，我就時常幻想，究竟升降機是怎麼樣？它究竟是怎樣把人送上去十一樓呢？我問了舅父，他沒有回答我，可能是即使我家鄉的大人都不知道。

後來我媽媽也申請去了香港，她告訴我，現在他們是住木屋的，我就再幻想故事書裏面木屋的情景，凍天的時候，媽媽用柴枝透着一個紅紅的火爐，火爐上面有一支大煙囱，聖誕節時，聖誕老人可以從煙囱爬下來，送我聖誕禮物，我坐在沙發上，暖笠笠的火爐就在我的對面，爸爸陪着我一起看故事書。

就差窗外沒有下大雪……我已經完全脫離了現實。

6. 我們的家

在家鄉讀到中學一年級的時候，我和弟弟就成功申請來香港了。

媽媽帶着我們回到了家，她用鎖匙開了圍住木屋鐵閘的鎖頭，緩緩地推開鐵閘門，回過頭來，親切地對我說：這就是我們的家了！

我仔細地打量了我們的家一遍，這間木屋左手邊是用鐵皮搭成的，右手邊是用磚頭造的，合併左邊的鐵皮而砌出一間木屋，我站在木屋和鐵閘的小隔間空地上，發了一下子呆，驟眼看去，眼睛所及之處，並沒有小時候幻想出來的大煙囪，這時才清楚知道，這個世界上根本就沒有聖誕老人。

推開大門，開啟了全屋唯一的一支光管，燈光把我拉回現實，我幻想火爐的地方是個組合櫃，雜物把櫃子不按規章地佔得滿滿都是，只留下擺放電視機的空間，煙囪的地方是個閣樓，我幻想坐着看故事書的沙發，變作兩個長木櫃，還組合在一起，上面鋪了一張蓆，我猜這就是牀了吧。牀的對面是一張用籐條做的長椅，長椅上放了個睡枕，我想這是用作坐和睡兩用的椅子吧！

雖然和想像中有很大的差別，但這段時間是我人生中最開心的一段時間，因為和家人相處得最多，是最美好最踏實的一段時光。

後來才知道，原來父母已經把最好的都留給我們！在我們還沒出來香港以前，他們是租別人用來放貨的閣樓來居住，每當洗澡時都要另外一個人在廁所門口把守着，告訴後來想去洗手間的人，有人正在使用中。

媽媽在香港三十多年，連一次海洋公園也沒有去，戲院也從沒進入過，有時擺設攤檔時，肚子餓了，就用熱開水伴飯食，媽媽說那段日子雖然苦，但只要想起我和弟弟就覺得還有盼望，就甚麼也會撐得過去。

她已努力地盡了作為一個好媽媽的最大責任，反而我沒有做好作為兒子應有的本分，沒有努力地讀書！我一直後悔到現在，或者直到將來⋯⋯

我們從來不缺零用錢，讀小學時媽媽又替我們找補習社！在這樣的環境下，我也不發奮好好讀書，今天失去了左手，也真的只能怪自己，真的很對不起父母！

第三章

1. 插班生

想着想着⋯⋯不知道是愧疚引起的痛還是傷口的痛，淚水不爭氣地沾紅了眼睛。

護士緊張地問我：哭甚麼？

我說着說着就沒有再解釋了，最後拋下一句：麻煩幫我打支止痛針。

打完止痛針後，意識也漸漸模糊起來，望着天花板，我回到了剛來香港時的入學面試情景。

我看見了一所校園，我和一個男人走了進去，這個男人個子不高，穿着有四個口袋的唐裝衣服、灰色的褲和黑色的布鞋，差不多有六十歲，樣子有點面熟，我定睛一看⋯⋯原來是我的爸爸。

我仔細地打量着這校舍的一切，這是一間多麼大的校園，我的左邊是一塊很大的草地，沿着草地的旁邊是一個籃球場，籃球場的前方還有一個種着大紅花的小花園，紅紅綠綠的點綴着。

小花園旁邊有個特別顯眼的自來水喉，有四五個穿着運動服的學生，比試着用膠樽裝着自來水鬥快喝，對，沒有煲煮過的生水。一個瘦削沒穿運動服的同學，氣也不用換，一下子就吞下了一整瓶水，喝的速度竟然比水倒出來的速度還要快，隨即引起了所有圍觀同學驚嘆和羨慕的掌聲。哇！大夥人羨慕這個同學一口氣喝了一瓶生水。這學校還有

一個特色，無論穿運動服還是穿校服的學生，他們的鞋子都是穿俗稱「白飯魚」的白色布鞋。

水喉旁邊就是校務處和課室了，課室左後邊是一座叫助學亭的建築物，起着類似禮堂的功能。一些學生在大草地踢着足球，草地旁邊是學校的大門，種着兩棵巨大、生長得很茂盛的鳳凰木，樹蔭之間的距離剛好形成了一個拱門，而這個拱門，被學生用作當足球場的天然龍門。只見一個學生大腳一抽，守門員撲空了，足球飛快地穿過這個天然龍門。入球了，射球的同學一邊喊一邊跑，模仿着足球運動員進球後的繞場歡呼。

那個季節，樹上吊着很多吐絲蟲，數量驚人，讓學生哭笑不得的是，每次體育堂都用這巨大的吐絲蟲拱門來充當龍門，聽起來荒誕，但那段日子大家又真的習以為常！

終於來到校務處了，一道玻璃鐵門是開着的，我和爸爸走了進去。

爸爸不耐煩地道：你說你在家鄉中學一年級才開始學英文。

我無奈地回答：是的。

爸爸搖了搖頭，說：你搞甚麼，學校已經沒有給你英文試卷做入學測試了，只是給你做中文和數學試卷，怎麼還沒把人家測驗卷做完？

我說：只怪我沒弟弟那麼好運氣，因為他年齡比較小，在市區有學校願意收錄他，連入學測試都不用做，我運氣差一點，來到了一間鄉村學校，已經願意降二個年級，插進五年班，還需要做入學測試。

我不滿地敘述完了一切，試卷也做完了。

然後參加入學面試時，我還隱約記起，當時訓導主任鮑老師和我說過的一番說話。

鮑老師說：我們這一所是全日制的鄉村小學，外面的人認為，我們這所學校是專門收頑皮和不讀書的學生，其實是外界對我們這所學校的誤解。

我大力地點點頭，表示我正在認真的聆聽。

鮑老師繼續說：我們辦教育的都有一個使命，履行有教無類的教學宗旨，在這個目標實現之前，我們是不在乎外界對我們的看法。

我當時聽不懂甚麼是有教無類，只能裝懂地點點頭，表示認同。

鮑老師流露出一個微妙的笑容說：你試想一想，如果每一間學校都不願意收頑皮的學生，那麼頑皮的學生就不用接受教育了嗎？這就是我們這所校園最引以為傲的宗旨。

我聽完後無言以對，我很激動，彷彿有一種重生的感覺，覺得這所學校實在太有教學理念，如果進來讀書，我一定會很用心去上學的。

2.「神父」

　　第一天上學時，我穿上了新的校服，我很重視這一天的來臨，所以很慎重地重複檢查了很多次，以免自己帶漏了東西。

　　下了校車，穿過籃球場，我就看到一排排的課室，我把眼睛聚焦在「校務處」的房間上，說明了自己是新來的同學，然後就有老師帶我進入課室。

　　老師草率地介紹了我是新來的插班生，然後叫我告訴全班同學，我的名字是甚麼。

　　我嚴肅而帶點害羞地說：我叫「岑幸富」。

　　突然間有個微胖的男孩說道：原來你叫「神父」，他只讀最前面和最尾的兩個字。

　　我毅然重複道：我叫「岑幸富」。心裏大驚，神父是不能結婚的，如果叫「神父」，以後就不能談戀愛了。

　　課室裏的男生大喊道：你是「神父」，你是「神父」，你是來打救我們的。

　　大家都在交頭接耳，討論着我的新外號，由於所有人互相耳語的時間不一致，但內容一致，「神父」這二個字無限次進入我的耳窩。

我臉色大變，追求不到女孩的稱呼居然落在我的頭上。我欲哭無淚地坐回座位，從此以後，我再沒有自己的名字，在這學校裏，我的名字就叫「神父」。

3. 決鬥

因為上學第一天就給同學改了個花名，我整個課堂都是恍恍惚惚的，直至聽到小息鐘聲響起，突然有個男同學向我的座位行過來，用一把大得刺耳的聲音對我說：你就是神父？

我礙於禮節，站起了身子，問道：我就是啊。請問同學怎樣稱呼你？

男同學熱血上湧地說：叫我大佬吧。

我驚慌地從水平線看了大佬一眼，然後視線慢慢往下移動，聚焦在我眼球的大佬是一個高度比我矮小整個頭的同學仔，雖然他說話的口吻有點像漫畫書裏的對白，但他膽敢對高他一個頭的我說，他就是大佬，我相信他是有威信的，一時三刻我怎能觸犯他。

大佬繼續說：你沒有第一時間過來叫我一聲大佬，所以我要和你決鬥。

我沉默半晌地說：因為我不知道你就是大佬。

大佬鄙視着我說道：難道我的樣子看不出來？

我無視大佬的問題說：你有找其他沒叫你大佬的同學決鬥嗎？

大佬一愣說：没有，只是因為你是新生，由你開始叫起，會比較容易入手些。

我聽後無言以對，久久不語。

然後嘆氣地問：為甚麼一定要做大佬？

大佬突然間認真起來說：做了大佬就能得到「風紀隊長」。上體育堂時，就可以和她在助學亭後面談心。

我問大佬：你喜歡風紀隊長甚麼？

大佬說：我不知道，我只知道有很多人喜歡她，我喜歡和人爭的感覺。

我忍不住插了一句說：讓風紀隊長自己來選不就行了。

大佬鄙視着我說道：爭回來的東西才會更值得珍惜，真正的男人，就是靠自己雙手，去把想要的東西爭取回來。

我好奇地問道：哪個是風紀隊長？能指一指給我看看嗎？

大佬沒精打采地說：今天她告了病假。

我失望地啊了一聲。

大佬繼而說道：今次我要和你鬥大膽。

我怔怔地看着大佬說：怎樣鬥大膽？

大佬冷冷笑說：我們約定，放學後騎着單車，在上水名都那裏碰頭，到時候再告訴你決鬥甚麼。

我糊裏糊塗就答應了，為了赴約，我連補習社也沒去，踏着單車到達上水名都了，大佬一早就在一支路牌那裏停着等我到來。

大佬詫異的看着我說：猜不到你真的會來？

我關切的問道：你經常給人放白鴿子的嗎？

大佬漠視我的問題說：今次我們鬥大膽，請你把用來鎖單車的「U 鎖」拿出來。

我詫異地看着大佬，張大了嘴說：不是用「U 鎖」互相劈對方吧？

大佬側面看着我說：不是，無論誰錯手打死了誰，他都會給趕出學校的。

我一下子鬆懈下來說：會坐監才是重點吧。

大佬嘆氣說：現在出來混的，不是鬥暴力的，而是鬥大膽的，以德服人，才會令更多人崇拜你。

　　我沉默半晌說：拿個「U鎖」出來怎樣鬥？

　　大佬沒有露出任何表情說：我們用「U鎖」互相把大家的頭，像鎖單車似的鎖在這路牌旁。

　　我哈哈大笑說：你開玩笑吧。

　　大佬聳一聳肩說：你先鎖我吧。

　　我感動上湧，相信世界上真的是有改過自新這麼一回事，蠻不講理的大佬竟然給我先鎖上他的頭。我說話有點結巴。

　　我說：真的嗎？那麼請你不要亂動了。

　　我把「U鎖」穿過路牌柱，再套落大佬的脖子時，大佬竟然絲毫沒有反抗，還出奇地配合，難道這就是做大佬才擁有的風範？「卡塔」一聲，鎖上了，我被大佬的豪氣深深地降服，在那一刻，所有對大佬的不滿都變成了敬慕。我疑心重地再摸摸鎖頭，確保真的鎖上了。

　　大佬得意洋洋地問我：怎麼樣？

　　我感嘆道：我想，我這一世都做不成大佬的！

　　大佬急不及待地說：輪到鎖你了。

我後悔萬分地說：好吧⋯⋯

大佬興高采烈地將把「U鎖」穿過路牌柱，再想套落我的脖子時，我就開始反抗！

大佬憤憤不平說：我的頭都已經給你先鎖上了，你還掙脫甚麼？

我無奈地說：你現在是在鎖我的脖子啊，我也不想動的，但這是自然反應來嘛。

大佬無可奈何地停下手來，指向自己的脖子，示意我看看鎖在他脖子上的「U鎖」說：你看，我不是做了給你看嗎？

我愧疚萬分地說：好吧，我盡量作出配合吧。

大佬急得哭了，再一次強行把「U鎖」套在我脖子上，我依然不由自主地反抗，正想認輸時，「卡塔」一聲，清脆的在我耳朵裏回響。

大佬說：哇噢。終於鎖上了。

說完，用迅雷不及掩耳的速度把鑰匙拋到對面，然後洋洋得意地對我說：現在鎖在你脖子上的鑰匙在對面，如果我們兩個人想脫困，唯一辦法就是，先用你手上的鑰匙，把鎖在我脖子上的「U鎖」開了，我才能夠走去對面，拾回你的鑰匙，然後再幫你解鎖！

我現在才知道大佬真正的用意，為甚麼可以這麼鎮定，毫無反抗地任由我先鎖他，原來他一早就計劃好了。

　　我氣得失去了理智，不理後果地把手上的鑰匙也都拋到對面去了。

　　大佬大叫一聲，「哇」。開始慌張起來。淚眼汪汪看着我說：你傻的嗎？連你的鑰匙都拋到對面去，誰來幫我們開鎖解困啊？

　　我很實在地說：如果只是我一個人的鑰匙在對面，我心裏會不爽，現在我倆的鑰匙都在對面，我就能說服自己了，雖然我們不能解困，但我們的處境是一樣的。

　　大佬徹底崩潰了。

　　我安撫着大佬說：你也別難過了，等一會兒有途人經過時就能幫我們把鑰匙撿回來，到時我們就能脫困了。

　　大佬欲哭無淚地說：就算有途人經過，看到我們兩人的頭這麼古怪地鎖在路牌上，都不知道願不願意幫我們把鑰匙拾回來、都不知道會不會報警……

　　我打斷了大佬的說話，蹲在他面前，指着他笑說：我們不是鬥大膽的嗎？為何你慌張起來？我就是那個不會報警的途人了，真悲慘，誰人用「Ｕ鎖」把你鎖在這裏啊？

　　大佬不相信自己的眼睛地看着我，驚訝問道：你為甚麼可以自行解鎖走出來的？鎖在你脖子上的鑰匙明明就在對面，你是怎樣做到的？

　　我繼續說道：因為你鎖我的時候，我動來動去，而你又心急想鎖上我，鎖芯根本還沒有插中扣着「U鎖」的位置，只是插在鎖頭的旁邊，你就扭動鑰匙，還興奮地把鑰匙拋到對面去。

　　大佬掃興的說：求你快點去對面把鑰匙撿回來，然後再幫我解鎖。

　　我哈哈大笑說：你要跟我道歉才行。

　　大佬還逞着強說：你要我道歉也可以，但切記，這事情千萬不要對別人說。

　　我看着狼狽還不失瀟灑的大佬，我彷彿看見了以前偷錢的自己，腦子裏盤旋着一句正要對姨丈說的話，對不起！

　　最後我忘記大佬所有的奸，甚至還覺得他有點美，這是對善良的人多麼不公平，包括我自己。

4.「風紀隊長」

　　第二天上學，我終於看見傳說中的「風紀隊長」了。

　　她有點霸氣，留着清爽的短髮，圓圓的臉蛋，特別標緻的五官，就算是穿了一條長褲子，也是這班裏穿校服最好看的女孩子，就是有點孤傲。扣在左手紅色布條，寫着「風紀隊長」。

　　她的出現，令到嘈雜的班房有一定的秩序。不是每個同學都膽敢離開自己的座位，她站在座位通道上，手臂扣着紅色的布條，看她的樣子有點威嚴，她的權力絕對不遜色於校外的警察，時不時大喝：不要離開自己座位。可能她喝得有點不爽了，指着靠牆坐的男同學，大模廝樣地說：你站起來，出去黑板旁邊罰站。

　　男同學憤憤不平問：為甚麼？

　　風紀隊長轉過身子，不屑一顧地背對着男同學，頭也不回地說：因為你「樣衰」。

　　這就是風紀隊長才擁有的權力，我猜風紀隊長不是很喜歡和人說話，我覺得她最喜歡就是罰人出去站，和指使同學擦黑板。

　　老師終於拿着課本進來了，他第一眼就看到在黑板旁邊罰站的同學。

老師問道：為甚麼被風紀罰出來站啊？

罰站的同學說：我是因為「樣衰」而被罰出來站的。

有同學說：哈哈哈，因為他是「站長」！全班同學都笑了。

老師打斷了同學的笑聲，說：風紀隊長果然盡本分。

站長聽完，差點哭了出來。

我恍然大悟，原來這學校有個不明文規定，風紀永遠是對的，這樣我就懂了。

直至聽到轉堂的鐘聲響起，風紀隊長又冷傲得像一塊冰塊地站出來，維持秩序。

5. 好演員

風紀隊長突然大叫道：神父。

我假裝瀟灑說：怎麼了？

風紀隊長習以為常地說：請你出去黑板罰站。

我微張着嘴巴驚訝問道：我也是因為「樣衰」嗎？我以為在風紀隊長的心目中，每個男同學都長得不好看。

風紀隊長說：不是，只是我喜歡。

我沉着氣，私底下鄙視和辱罵了她一次，我告訴自己，剛才我親眼目睹，在這個學校裏根本就沒有人可以挑戰風紀，更何況她還是風紀隊長。我不能反抗些甚麼，我只能做的就是白她一眼，然後吞聲忍氣地站在黑板旁。

接下來進入班房的原來是鮑老師，她用炯炯有神的眼睛，隔着眼鏡望向我，我呆在原地，課堂明顯比之前平靜，我甚至能聽到鮑老師行到我面前的腳步聲，這就是訓導主任跟其他老師的差別吧。

鮑老師向我問道：第一天上學就被罰出來站？到底怎麼回事？

我望向風紀隊長，只見她面色一沉，尷尬地避開我的眼神，就像一塊快要溶掉的冰塊。原來風紀隊長也是有弱點的。

我反思了半刻說：因為我擅作主張地要求換座位，所以給風紀罰了出來站。我小時候已經明白「寧得罪君子，莫得罪小人」這個道理。

全班譁然。

我說完以後，依然心跳加速。我知道我內心所想，我當然不敢說，是因為風紀隊長的喜怒哀樂而被罰出來站，難道我不怕整個學期都被按上莫須有的罪名，每天不是因為「樣衰」就是不討人歡喜而被罰出來站嗎？

上學的第一天，只需要做一個不討厭的人也就算了。

而我說謊的代價，只是站着上課，所以我一點愧疚的感覺也沒有。

風紀隊長對着我笑，這個表情我記憶猶深，好像會說話一樣，如果我沒有會錯意，我猜她一定讚我是一個好演員。

6.「燈神」

下課的鐘聲終於響起了，同學們爭先恐後地衝出課室門口，而我就一個人躺在草地上，用兩手墊着頭部，呆望着兩棵大樹，想着我的未來，究竟長大後，我是甚麼樣子的呢？會做甚麼工作呢？會不會是一個追不到女孩的可憐蟲呢？然後腦袋思索地看着，拱門上吊了多少條吐絲蟲，一邊看一邊納悶，它們的往後會變成甚麼昆蟲，那些吐絲蟲往後的命運和將來會如何。

正當我搖搖欲睡之際，突然間有把似曾相識的聲音把我叫醒，神父……

我支起了身子，已看見風紀隊長在我的面前。

我無奈地看着風紀隊長說：找我有事嗎？

風紀隊長略帶傷感地問：有事才可以找你的嗎？

我疑惑的看着風紀隊長，我和她的關係，何時發展到沒事情都會找對方。

我說：我以為你想罰人出去站的時候才會想起我。

風紀隊長聳一聳肩，鄙夷道：要不是你對我有恩，沒有在鮑老師面前說實話，我才懶得找你。

我回憶了半晌說：小事情，別放在心上。更何況我們班房需要一個「可遠觀而不可褻玩焉」的風紀。

風紀隊長說：我來報恩的，你想要甚麼，隨便說。

我搖搖頭，表示我不相信，說：你以為自己是故事書裏《一千零一夜》的「燈神」嗎？

風紀隊長堅定地點了頭，入戲地說：我現在就令你相信，《一千零一夜》的「燈神」是真有其事。

我伸出手，上下打量着風紀隊長，充滿困惑說：按照劇情需要，我應該搓擦你身體哪一個位置，「燈神」才會出現？

風紀隊長一愣說：你有膽量就搓擦我，試試看吧。

我不禁倒抽一口涼氣，縮回了手說：直接跳去燈神的出現吧。

風紀隊長瞪了我一眼說：我說出三個願望，你自己挑一個吧。第一個願望，就是我知道你英文不好，幫你補習英文，和教你做功課，為期一個星期；第二個願望，就是向老師推薦你做風紀，讓你也可以擁有僅次於老師的權力；第三個願望，就是誰開罪了你，我替你出頭一次。

我疑惑的看着她說：就選第一個願望吧。

不知道是我潛意識相信，知識能改變命運，還是曾經對媽媽許下要好好讀書的承諾。

風紀隊長充滿好奇地看着我說：真的沒料到你會選這個願望。

我不爽地說：我的樣子像渴望擁有權力，還是喜歡報仇的人嗎？

風紀隊長哈哈大笑地說：那麼每天食完中午飯，我到助學亭後面，幫你補習半小時吧。

我聽後有點受寵若驚，因為這就是大佬一直所渴望的結果，我不用當大佬就直接跳去和風紀隊長在助學亭後面談心。突然間覺得對大佬很不公平，但我一點都不內疚。

7. 夢寐以求

說來奇怪，我萬萬沒有想到我會和風紀隊長關係這麼近。

每一日，我很快就食完中午飯，在助學亭後面等，特別盼望風紀隊長的到來。風紀隊長每次都是不多也不少，臨上課前半小時，就會飄逸地出現在我面前，她每次來幫我補習功課，我都覺得受寵若驚，因為這是多少男同學夢寐以求的事情。

風紀隊長把雙腳蜷在草地上坐下來，拿着早已經準備好的課本，她熟練的翻到其中一頁放在我的大腿上，我的大腿馬上發抖起來，我的思想突變得成熟。

風紀隊長問道：你的腳為甚麼發抖？

我真的不知道怎樣告訴她，我的感情已變得豐富，只拋下一句，可能坐得太久，有點累了，所以不由自主地發抖。說完，又再沉迷在自己的幻想裏，這個世界彷彿只剩下我們兩人，我望向蔚藍的天空，微風輕撫，鳥兒歌唱，此刻我感覺到自己是最幸福的人。

直到上課鐘聲響起，敲醒了我的幻想。風紀隊長急忙地說：別慢吞吞了，要回課室上課。

我望着風紀隊長的背影，呆望着她跑回課室的步伐，我確信自己戀愛了，那怕這只是我一廂情願的暗戀，至少這一刻我的世界充滿快樂，滿溢着愛。

和風紀隊長的關係愈來愈好，我也很少再因為「樣衰」，而給人罰出去站了！

8. 共同敵人

時間過得很快，很快就到了風紀隊長幫我補習一週功課的期限，我必須在今天中午飯的時候，向她表明心意。

小息的時候，我在內心練習了告白的台詞數十遍，胸有成竹地透過窗戶尋找我的風紀隊長，我看到班裏最富有、零用錢最多的同學「富家子」，在小食部裏，請女同學吃零食，女同學像蜜蜂採花蜜一樣，圍着富家子，採摘他手上的零食。我定睛一看，那群蜜蜂當中，有一隻竟然是我的最愛風紀隊長，我內心鄙視富家子的行為，也自責自己的無能。

我只能在課室憋着看，突然間課室有人輕輕啊了一聲，我循着聲音望過去，只見大佬也和我一樣透過窗戶，虎視眈眈富家子，不同的是，大佬握着拳頭，我猜想他是想找富家子決鬥，想辦法令對方感到痛苦。

　　我沒想到我有這麼多競爭對手，但此刻我和大佬竟然連成了一線，有着共同的敵人。

9. 可憐蟲

　　食中午飯的鐘聲終於響起了，我第一個騰起了身子，我趕快地把自己的飯盒扒個清光，當時我認為，我這一輩子只愛風紀隊長一個人，所以我要趕緊讓她知道我的心意。

　　今天風紀隊長很快就來到了助學亭後面，我主動地打開課本，真希望時間可以過得慢一點，這樣我就可以和小美女呆多一會兒。

　　我心裏只想着表白的事情，整個補習過程我都是恍惚的，直到上課鐘響起，我馬上站起身子，必須立刻表白了。

　　我結巴地說：我有事情想對你說。

　　風紀隊長對着我聚焦了一會兒，問我：甚麼事情？

　　我渾身不自在，欲言又止，總覺得自己缺少了甚麼似的，我不是說信心，而是因為害怕被拒絕的情感更強烈。

　　愈是喜歡的女生就愈難以啟齒，我害怕告白失敗就關係告吹，如果表白失敗了，我手上就沒有任何籌碼，所以我還是繼續選擇做風紀隊長的「兵」。

　　最後我只和風紀隊長說了一句謝謝你，也再沒有表白。這句「謝謝你」包含了千萬種無奈。

　　沒有勇氣去表白，這件事情成為了現實的一刻，我已經再沒有和風紀隊長有任何一種只屬於我們之間的關係。

　　在小學畢業的那一天，我連紀念冊都沒有買回學校給風紀隊長寫，注定我是個追不到女孩的可憐蟲。

　　後來聽說風紀隊長搬了家，電話號碼也改了，其實對她，我說不上戀愛，但我卻心中對她有種淡淡然的憂愁。

第四章

1. 健全就好

止痛針藥力過後，一陣陣的痛楚由骨子裏滲透出來，硬生生地把我拉回現實。身上的痛告訴自己，現在就是我小時候的未來了。

我曾經憧憬長大後的樣子，現在竟然搞成這樣；我實在不知道，還應不應該再想像將來的工作，還傻到不想去承認，自己是一個追不到女孩的可憐蟲。我忍着痛，強迫自己冷靜地去思考這些問題，那麼我現在的未來還會有嗎？

我衝口而出說：假如我再次健全就好了！

我剛說完，我就感覺到我的左手還在，我還能控制着我左手的手指。為甚麼這麼神奇？這是上天對我的憐憫嗎？真的再次給我健全嗎？

穿着白色袍的醫生站在我面前說：這是你神經的反射，所以潛意識還能感覺到左手的存在！我也很希望你能再次健全，但最好還是追求心靈上的健全吧！

最後補充一句，恭喜你，你已經渡過危險期，可以回去骨科病房了！

聽到有人恭喜我，還是頭一次完全沒有興奮的感覺，就被推回骨科病房！

這一刻的心情，我除了蒼茫和恐懼以外，沒有甚麼好形容，而且我也知道再也不能欺騙自己，我規劃了一下自己的未來，但我連把毛巾擰乾的能力都沒有，最諷刺是我還躺在病牀上，左腳依然吊在半空，給鋼枝貫穿着。還談甚麼將來，先自求多福，保佑我左腳手術成功吧，不然就要單肢坐輪椅。單肢坐輪椅的壞處是，不能用手動輪椅，只能永遠用電動輪椅。

2. 朋友

住院期間，幸好有一班由小時候就一起玩到大的好朋友，其中一個是大佬，每天從不間斷地來探望我。他們還去黃大仙祠幫我求了一道平安符，真的很靈驗，只鑲了兩顆螺絲在盆骨，就代替了那個很嚇人的腳架。那平安符，直到現在，我還放在錢包內，每當「六合彩」有金多寶，和有想追求的女孩，我都會向平安符祈求，但這麼多年來它只靈驗過那一次。

靈驗一次就夠了，因為它的靈驗，使我能自由地走到郊外，吹着微風，微風輕撫在自己面上，微風的輕撫和以前一樣，沒有怎樣的改變，但吹風的心情就比以前開心了很多，原來改變的只是自己的心態，最重要就是有種重生的感覺。

每一日探病時間，朋友們都一個個來到我病房，讓我勾住他們的脖子，攙扶着我，走出骨科病房，在醫院大堂，大夥兒圍着我聊天。

有一次，他們想安撫我，一同問道：神父，你平時有哪些事情是不能用一隻手去解決的？

我用手撐着椅背，吃力地坐在供人休息的椅子上，想了一想，說：戴手錶吧。

他們恍然夢醒，突然間安靜下來，癡癡地看着我，因為他們真的從來沒有試過單手戴手錶。大家立刻嘗試一隻手戴錶的各種方法，有的用胸膛來輔助，有的坐在地上用腳來協助，剎是奇觀。他們怎麼會懂，用單手做事情就好比用筷子夾菜一樣，當缺少了其中一支筷子，就搞垮了筷子本身的設計。不過我很佩服他們的各種嘗試，終於大佬試做到了。

大佬行兩步，來到我面前，瀟灑的說：用口就可以了，你可要細心看我示範啊。他一口就咬着左邊的錶帶，正想拖過去右邊手錶扣上時，手錶也跟着他的口角往左邊滑了下去，他趕在手錶滑下前，用另外一隻手按住了手錶，狼狽地說道：再給我試一次。

我象徵地拍了拍大佬的背說：不要緊，慢慢試，我以後都是這個樣子了，時間多的是。

大佬立刻走到椅子前，用掌背把手錶按在椅子上，就不怕滑下來了，然後再咬着左邊的手錶帶，穿過右邊手錶扣上。

我驚為天人。

他們再得意地問：還有甚麼事情是不能用一隻手去解決的？

　　我猶豫了半晌說：剪手指甲。

　　他們睜大眼睛，認真的看着我，他們從來沒看過可以這樣嬉皮笑臉的人，問的問題會這麼直接，各個朋友環顧四周，大家互相望望，苦笑了一下，繼而又開始埋頭試着用不同的方法了。

　　我其實心頭顫動了一下，我並不是刻意想些問題出來為難他們，我甚至還很感激他們為我所做的一切，但一想到這個狀況，這就是以後永遠的自己時，我希望面對現在的茫然時，他們能為我帶來希望。

　　試了很久，大家還沒有結果，連大佬都投降了。這也難怪，因為他們從來沒有嘗試過只靠單手去生活，怎能真正了解到一個截肢者的苦，和單手做事情的難。

　　他們試得快要哭了的時候，我繼而再冷冷笑道：你們還沒有找到方法吧？我下一條要問你們怎樣單手鋸牛扒了。

　　他們哈哈大笑，全部都停下手，不再嘗試了，綜合大家的意見，最後得出的答案是，除了剪手指甲和切牛扒，還有甚麼是不能用一隻手做到的？

我也哈哈大笑起來。

不得不承認，不是所有事情都能一隻可以做到，但我已經感覺到我的世界並不是只有自己一個人，原來我並不孤單！

3. 幸好健在

所有事情習慣就好。後來我知道怎樣能單手剪手指甲了，用腳跟踩着指甲鉗，就完全能自理地單手剪手指甲了。

其間速遞公司旺角區的老闆也籌了慰問金，帶着同事來探望我。

旺角區老闆說：這些慰問金是旺角區和尖沙嘴區同事眾籌給你的。

我突然感激地低着頭，望着這些慰問金，心想，也許這就是人情味，他們幫我籌了這麼多錢，真的不容易。當我再抬着頭望向他們時，旺角區老闆突然抓着我的手，猶豫地問道：交通意外時，有沒有傷及你的小鳥？

我自然反應地摸了一下，兩眼發光地笑着說：幸好健在。

其間速遞公司的大老闆也來探望我好幾次，他是一個有情有義的人，開了支票，送來一筆慰問金

給我的家人。

大老闆頓了頓說：康復了，就回來公司工作吧，至於做甚麼工作，就要看他的能力和學歷了。

我的家人接過支票，沒有推辭，看來真的很需要這張支票和這番說話。因為這些對於當時的我，已經是最好的了。

4 初戴義肢

義肢矯形師看見我每日悶悶不樂，就仔細地盯着我短絀絀的左手臂，他莞爾一笑，帶點職業語氣說：我給你再次健全吧。

那一刻完全說中了我的心聲，我已經完全忘記了悲傷。因為我不愛現在的自己，只要有絲毫的希望能改變現狀，都能令我樂不可支。

我大吃一驚問道：真的嗎？用甚麼方法能給我再次健全？

義肢矯形師故作神秘，道：你要開心起來，我才告訴你。我搖了矯形師一下說：我現在就開心起來，請你現在就告訴我好嗎？矯形師嚴肅地說：我說給你再次健全，是指做一隻義肢給你。

我馬上明白了甚麼，連忙問：義肢可以做到甚麼？

矯形師行前一步，站到我面前說：因為外國喜歡騎電單車的人比較多，所以特別多截肢人士，我知道外國有些失去雙手的截肢者，安裝完義肢之後，他們的日常自理完全沒有問題，還可以做到很多事情。

我打斷他問道：快說重點吧，例如可以做到甚麼啊？

矯形師猶豫了半晌說：上完洗手間，可以用義肢來擦「便便」！

我聽到這個令人驚訝的消息，半信半疑地問道：真的嗎？

因為用義肢擦「便便」這個動作，就好像奧運會跳水項目，向後屈體翻騰兩周半接轉體兩周半一樣，是難度系數三點八分的高難度動作！！！

我憧憬着義肢還可以帶來其他的可能性，還貪婪地幻想，裝了義肢後，能力竟然比健全時有過之而無不及，我幻想自己是美國電影裏的英雄人物，也幻想自己裝上電子義肢後，輸入程式，電子義肢可以全自動地划水，還刻意上網查看資料，看看游泳比賽是否禁止使用電子義肢。我沉迷在我的幻想裏。

憧憬的力量真的很大，它可以令你覺得今天再大的事情，到了明天就變成小事一宗。我每日都充滿朝氣，一點兒悲傷都沒有了。

當看見矯形師，我都會向他揮揮手叫停他，兩眼發光地問：甚麼時候可以做好隻義肢給我？我實在忍不住了。

　　矯形師詫異地看着我嘆氣說：你真急性子，為甚麼這麼心急想要？我扯了矯形師的衣角說：我想用義肢來嘗試一下擦「便便」！矯形師聽後故意不說話，思索了一會說：我現在就去幫你做義肢。

　　為了確保義肢的準確性，每晚睡覺前，我都會把壓力襪穿在左臂上，防止手臂脹大，怕穿不下義肢。

　　過了一個多月，不知道矯形師是否感受到我的急性子，還是感應到我對義肢的期望，主動找我說：裝上它吧，這就是你的新義肢了。

　　我充滿渴望的凝視着那隻又重又硬的義肢，發呆地問道：這就是我的健全？

　　我沉默地把手臂穿上義肢，在鏡子面前轉了兩個圈，完全感覺不到它是身體的一部份，眼淚不由控制地流出來，為甚麼和期望相距這麼遠？不要說可以擦「便便」，連拿起擦「便便」用的紙張都覺得困難！我不斷地努力嘗試，發現義肢只能靠背後的肌肉收緊和放鬆，來控制它上下移動，和做一些簡單的開合動作。這個動作，如果放在奧運會跳水項目，就像大字型趴在水池一樣，水花四濺。我從來沒有得過這樣低的分數。

我大吃一驚地問道：是否還有其他功能？

矯形師沉默不語。

我一臉沮喪地想，我對矯形師這個冷笑話，實在不敢恭維，但我還是禮貌地笑了。

當時我的眼淚就潺潺地流了下來，是給我的期望所弄哭的。

這就是我以後的健全？

我對着鏡子狐疑地問：你是誰？

　　鏡子說：我就是健全的你。

　　我不解地問道：你怎麼能這樣回答我？照着鏡子的我都沒有健全，反映出來的我怎麼可能會健全？你和我都是一樣的。

　　鏡子說：把你的一切，倒影般反映給你看，這就是我存在的價值，我把我的價值無遺地展現了出來，這不是健全嗎？

　　我無言以對。鏡子很實在，說服了我。

　　鏡子繼續說：你也把你的價值活出來吧！

第五章

1. 簡樸琴行

　　住了兩個多月北區醫院，又轉去大埔醫院療養，朋友依然一個個全年無休地每一日都來探望我，每天下午五時，我們準時在我病房聚會，一直聊到八時最後探病時間，我們就出去醫院大堂裏圍成圈，我們玩大富翁、七星豬，和各種遊戲。歡樂的時光過得特別快，轉眼就住了大半年醫院，要出院了。

　　為了朋友及家人，我決定重新振作，雖然我決定了重新振作，但自身的殘障，不知不覺地為自己築起了一個框框，只振作了三分鐘熱度，就迅速打回了原形。

　　跟着的日子，我只愛呆在家中，對生活失去了熱情，每一日心情極度低落，沉溺在悲傷之中。偶爾在繁囂的街道上，我獨自漫無目的地步行着，前面的人迎面而過，後面的人從後超前，彷彿夾在強大壓力的漩渦之中，悲傷感陣陣湧來，有時最正面的傢伙也會遇上崩潰的時刻。

　　大佬來我家裏找我，興高采烈地對我說：我們去打桌球吧，用你的義肢作定點，放在桌球枱上，就可以托着桌球杆來打桌球了，我們去試試看，好嗎？

　　我搖頭說道：這些我都做不到。

　　大佬繼續說：那我們好像小時候一樣去踏單車，好嗎？

我當時哇一聲,眼淚就流了下來,為甚麼他說出來的活動,全都是我現在不能夠做到的?

我拋下一句:單手踏單車不安全。就再沒說話了。

每天像沒靈魂般日夜顛倒,在家裏過着行屍走肉的生活。白天就睡覺,晚上就玩網上遊戲,睡醒就食飯,食完飯又再睡。我已分不清白晝黑夜,模糊了四季,還時常用金錢去購買遊戲點數卡,用點數去購買遊戲的虛擬道具,有時充值一次就是幾百元,因為我覺得既然現實滿足不了自己,如果在遊戲世界也做不了強者,玩遊戲還有甚麼意思?所以我不停地滿足自己思想上的需要,漸漸地我已經變成宅男。

不幸的是,為了成為遊戲世界的強者,我需要向現實求救,去便利店購買遊戲點數卡。我知道,想成為強者是需要付出代價的,所以就算我多不願意外出見人,但在成為強者的利誘驅使下,我依舊穿起長袖的衣服,把左邊的衣袖放在左邊外套的袋子裏,就出門口了,不留心看,是不容易察覺我是有殘缺的。在網絡世界,我甚至是健全的,所以我不想停止充值,不想放棄任何成為強者的機會,況且我的將來可能只剩下網上遊戲。

去便利店購買遊戲點數卡時,我發現便利店旁邊新開了一間琴行,有一個大約二十來歲的女孩,在擦拭着玻璃窗,樣子有點脫俗,我再看看掛在女孩頭頂上的牌匾,寫着「簡樸琴行」四個大字,真

的店如其名，只見店鋪玻璃窗最當眼的位置，擺放着泥土、石頭和玻璃瓶，不看店鋪名，真的很難想像它是一間琴行。

2. 命運邂逅

我好奇地走過去問道：這裏真的是一間琴行嗎？

女孩說：是啊，因為我是個追求簡樸生活的人，所以店鋪門口擺放着泥土、石頭和玻璃瓶，如果你來我這裏學琴，我會由生活上開始說起，帶出音樂背後的許多故事和意義，令你可以放慢腳步、細心品嚐音樂的味道，一種難以形容的滋味。

我不屑一顧地說：那麼祝你生意興隆吧。說完就轉身準備離開。

女孩失落地說：你想我生意興隆，就由你開始，好嗎？你有興趣跟我學彈琴嗎？

我是非常渴望，但心裏明白，而且知道，因為我的殘缺，我是不可能學得好的，但我還是想讓女孩死心，不是因為我的不願意，而是因為我的不能。

我再轉身望向女孩時，故意把左手的衣袖一抽，衣袖在身邊左飄右移時，女孩愣了一下，她知道我是個殘障人士，我以為女孩一定會感到驚訝，但她沒有太大的反應，連一點不知所措的舉動也沒有。

女孩鎮定地繼續說：教一個截肢者彈鋼琴，我也不是特別懂，但我有信心教曉你。

令女孩心息的希望毀滅了，如果我再不刻意刁難一下，我就要做女孩店鋪開業的第一個學生。我必須說一種樂器，一定需要同時用雙手才能演奏的，這樣才可以徹底令女孩心息。

我不禁異樣地看了女孩一眼說：我最想學的是拉小提琴。

女孩突然安靜下來，低聲說：只有一隻手，想學小提琴比較困難。

策略成功，我情不自禁地插了一句說：那麼，這就算了，我總不能等待着一個連自己也不知道能不能成功的來學習。

女孩站着想了十多秒說：你可以先跟我學樂理，我再慢慢幫你想辦法，看怎樣可以用義肢去拉小提琴。只要你踏出第一步，沒人能阻止你成功。

我沒有再推辭，猶豫了一下說：你的毅力深深的折服了我，好吧，我做你的學生。

女孩喜上眉梢說：那就太好了，我也很想教教你，拿點教殘障人士的經驗。

我說：就這樣吧。

女孩邊笑邊說：我叫 Cherry，怎樣稱呼你？

我回答道：叫我阿富吧。

Cherry 補充了一句說：你有英文名嗎？

我說：Godfather。

Cherry 說：嗯，那我還是叫你阿富吧。

給女孩知道了自己是個殘障人士後，反而有種釋放的舒暢，原來給人知道了自己是個傷殘人士之後，才可以真正地做個普通人，這就是置之死地而後生吧。終於可以不用掩飾自己的缺陷，這種心情不知道應該怎麼描述。

對了，這個邂逅，是要交學費的。

我時刻也提醒着自己，我們是師生，而且帶有金錢關係，從一開始，我就保持了距離。

3. 小提琴

第一堂課開始了！

Cherry 第一堂就跟我說：雖然還沒確定你是不是真的能夠拉到小提琴，但首先要訂造一個右手按弦的小提琴。

　　我不解的問道：為甚麼？如果證實了我不能拉小提琴，誰付小提琴的訂造費用？

　　Cherry 伸出了手，按在我肩膀上說：當然是你自己支付，因為你連小提琴都沒有，我都不知道怎樣教你，放心訂造吧，因為我覺得必須擁有豁出去的衝動才叫夢想！

　　她說得也有道理，所以我也不是很糾結，就答應了訂造一個用右手按弦的小提琴。

　　幸好她不是賣車的，不然估計會被說服，豁出去買法拉利跑車。

　　第一堂，她跟我說拉琴的起手式，接着喃喃地說貝多芬失聰後的一些事情，聽到我都暈了，我完全脫離了她的說話。我側了側身子問道：能教點實用的嗎？

　　Cherry 說：由生活上開始說起是很重要的，最重要的，我不是教你音樂，而是想以音樂來提升你的心靈，改變目前香港音樂教育過於偏重功能性。因為你只有一隻手，我寧願你拉些簡單的歌，拉得舒適流暢，也不願意你拉些複雜的歌，而且拉得困難吃力。她接着說：舒曼也是這樣說的！

　　說完就放學了。

　　雖然不是我預期想學的東西，但她講的東西很新鮮。

第二堂，她對我說：想我透過大自然，從萬物中感受音樂的樂趣。Cherry 背着小提琴，叫我穿戴着義肢，帶我去到郊野公園，叫我用心平靜地感受大自然，說雅樂就在心裏！

　　我還沒有這種修養，心裏面根本就沒有雅樂，只知道根本不是味兒，如果她不是收了我的訂金，幫我訂造了右手按弦的小提琴，可能我一走了之！

　　只見她一邊伸開雙手，一邊跳着一邊說：由學音樂到演奏，要先懂得享受音樂真實的美好。所以我帶你出外，透過觸感：風、泥土、石頭，感受大自然音樂，我們生於自然，取於自然！

　　我撿起地上的樹枝，放在手上玩弄着說：我們現在是在上課嗎？是否已經開始了計時？

　　Cherry 坐在路沿說：我們上車的那一刻已經開始計時了。我吃驚地問道：你還有其他和我一樣願意跟你學習大自然音樂的學生嗎？

　　Cherry 咬了一下嘴唇說：沒有，只有你一個，因為我不懂得宣傳，所以很少學生跟我學音樂，我最大的心願就是想收多些學生，將我的精神永續下去！我掉下手上的樹枝說：將你的精神永續下去？你患有絕症嗎？

　　Cherry 抿了一下嘴，回答道：我不是患有絕症，只是我小時候有學習障礙症，我最明白應付學習障礙的方法。我的教學目的是希望教一些有需要的人士學音樂，不只是局限音樂，還有生活，希望他們到外面永續生命教育。

聽罷，覺得剛才的說話傷害到 Cherry，我後悔非常，幸好 Cherry 似乎沒有在意。

Cherry 微笑地說：所以嚴格來說，我也有缺陷。

我點點頭，表示我正在認真的聆聽。

Cherry 繼續說：在我們有限的生命裏，怎樣可以將我們的想法帶到現實？不二的方法就是要去行動。行動的好處是，你行動了才能看見希望，而不是永遠只做一些你已經知道的事情。當然，除了行動，還要抱着相信！因為相信才能孕育希望。

我伸出手，輕輕地按在她的肩膀上說：謝謝你，我聽完你的說話後，突然有種日後會變得好強的感覺！

Cherry 除下背上的小提琴，裝上了琴托，架在我右邊的脖子上，再從衣袋裏掏出一個在文具店就能買到的文件夾，叫我用義肢夾着琴弓。

她掠了我一眼說：小提琴的琴弓是很輕的，只要用義肢拿着個文件夾，再用它夾着琴弓，就能拉小提琴。

我半信半疑地抬起夾着琴弓的義肢，再把琴弓放到小提琴的琴弦上，當琴弓碰到小提琴的弦線時，立刻發出了奇怪的聲音，我的音樂世界就像一本空白的五線譜，這些琴音充斥我的譜表，我堅信我是陶醉的，因為我的空白五線譜裏，從來沒有優美的旋律。

我已經不介意是發出甚麼聲音了！發出的聲音，對於我來說，就好像牛頓發現地心吸力般重要。當找到一樣可以突破自身障礙的興趣，原來感覺是這麼美妙的！這一刻，我甚至感覺自己在飛翔，我終於飛到了目的地，我在天空，俯視蜿蜒的公路，任何路程都沒有想像中那麼遙遠。

　　Cherry 用食指按着 A 弦說：按小提琴弦線，只需用食指、中指、無名指和尾指去按就可以，我們的食指就代表第一隻手指，中指就代表第二隻手指，如此類推。之前我知道你以為我取巧，騙你學琴的時鐘錢，其實我給你的已經是最好的。

　　我突然從受害者變成了受惠者，突然間覺得她很偉大，就正正因為她這種偉大的付出，而令受惠者變得很幸運！

Cherry 一邊扶着我的手一邊說：你現在這個小提琴的弦線位置是正常的，如果你想用右手去按弦，必須重新訂造一個用右手按弦的小提琴，把弦線和音柱跟左手按弦的琴完全相反地安裝。

我興奮得聽不進 Cherry 的說話，繼續嘗試拉其它弦線，我本來想繼續拉下去，但我停住了，感激地望着 Cherry，反覆說：謝謝你的付出。

Cherry 聳一聳肩說：別客氣，我是受薪的。

我說：以前我做所有的事情，都只是一個旁觀者，現在我總算是一個參與者，原來先天條件不佳，也能挑戰極限。

Cherry 說：恭喜你，你現在是真正健全了。

4. 豁出去

「健全」這個詞語，從來沒有試過來得這麼龍精虎猛。雖然她是受薪，但我知道是有所不同的，至少她令我有豁出去的衝動。

我不停的練習，因為只得一截手臂，拉小提琴時，失去了手踭以下的關節位置，不能呈現九十度，所以無論我怎樣嘗試，都不能由琴弓的頭部拉到琴弓的尾部，沒有辦法用盡整支琴弓。

只能靠義肢夾着琴弓，用左右移動的方法去拉弦線，時常拉得不穩定，還有，就是由一條弦線換到另外一條弦線去拉琴弓時，都不能靈敏地轉換，總是發出刺耳的雜音！

　　縱使還有很多問題都沒有辦法即時解決，但我已經很感恩，因為這證明了一個上肢的截肢者，並不是沒有可能拉小提琴。

　　還給我發現，健全朋友和殘障朋友最大的分別就是，健全朋友一開始就會追求卓越，喜歡用最快的方法和最完美的動作去追尋他們的夢想，而殘障的朋友只希望能夠做到，而時間的長短，或者做得完美與否，已經變得不再重要。

第六章

1. 技術擊倒

時間久了，我遇到瓶頸位，無論我怎樣努力去拉動琴弓，都不能拉到四拍以上的連弓，只能發出斷斷續續的聲音，漸漸變得意興闌珊，練習也減少了。

就算還沒練習好，或者完全沒有練習，每個星期我都堅持去找 Cherry 上課，可能這就是我對她的情意結吧。

Cherry 生氣地說：你在浪費我的時間，我給你的功課沒練習好就來上堂？

我理直氣壯地說：你可是受薪的啊。

Cherry 懶得跟我反駁說：如果換作以前，我早早就踢走你，不再教你了。我知道你遇到瓶頸位，但你都需要練習我每次給你的功課。

為了停止 Cherry 對我的追問，我撒了個謊說：這一週，我生病了，所以沒有時間去練習。

真正的原因是，我已經不是將小提琴放在第一位，我來上課只是渴望看 Cherry 一眼，我堅信我的渴望就是愛情，已經忘掉了剛開始時保持距離的警覺。

我就是一個玩捉迷藏的時候喜歡躲在門後面的那個人，可能 Cherry 不是一個喜歡把門後留到最

後看的人，就開門見山地對我說：你千萬不要嘗試喜歡我，你想追求我是沒可能的。

我好像給她看透似的，沉默了半晌說：我知道，你喜歡的是健全人士。

我在嘗試猜測 Cherry 的心意，慢慢一步一步地靠近，那怕只是一點點，如果少了這一點點的線索，我永遠也不會知道她在想甚麼。

Cherry 感嘆道：我小時候有學習障礙症，都是有缺陷的人，怎會要求男朋友一定是健全的呢？更何況我有個朋友也是一個截肢者，而且還結了婚，從他的經驗告訴我，家人一定會反對的，我不想家人關係因為你而變差，因為不值得。

無語一分鐘後，Cherry 繼續說：你試想一下，天下間有那個父母，不希望自己女兒能嫁給一個有能力照顧自己女兒的人，因為生活太逼人了。

我失望地說：我也覺得是。你是對的，得不到家人的支持和祝福是一件很痛苦的事情。思慮了一會兒，連忙說：能瞞着你的父母，別告訴他們我是殘障人士，可以嗎？

Cherry 困惑地問道：用甚麼方法瞞着我的父母？

我說：我可以穿着長袖的衣服，再戴上裝飾的義肢，看上去就和普通人沒有分別了。

Cherry 怔了一下，思索了半天說：現在已經是自由戀愛的年代，不用父母之命，媒妁之言，我這樣說只是想你明白，我對於父母有多重要。

我自作聰明插了一句說：我明白啊，我父母對我也很重要。

Cherry 繼續說：我由懂事以來，爸爸對我說：爸爸和媽媽結婚兩年多，一直沒有小孩子，媽媽很喜歡小孩子的。每當她月經遲來，總會用驗孕棒驗孕，驗到沒有懷孕時，她都會很失望。到後來他們結婚五年，一直也沒有小孩，媽媽仍很渴望擁有。他們已經準備好，如果再沒有小孩，就去做人工受孕，然後上天感受到他們那份渴望，就賜了我給他們！我的到來，像是給他們帶來了希望一樣，我就是他們的所有。你能做到比他們更愛我嗎？

我斬釘截鐵地說：能。我一定能比你父母更愛你。

Cherry 不屑一顧地說：你能也沒有用，因為你不是我喜歡的類型。

小學的時候我沒有向風紀隊長表白，而愧疚到現在，我前半生已經像醜小鴨般了，但後半生還是有努力的機會。

我不甘示弱地說：你也知道我在父母心中有多重要嗎？我出世的時候是一個巨嬰，媽媽生我的時候，要剪開會陰，流了很多血，才能生我出來，我也是他們的希望和原動力。

Cherry 有點心煩地說：我不否認你媽媽很偉大，但你有沒有常識的？生小孩要剪開會陰是一件很平常的事情，順產時，十個醫生，有八個都會剪開會陰，醫生為了讓寶寶能夠順利出生，並避免媽媽生產時會陰撕裂，通常會使用「會陰切開術」，將會陰剪開後，擴大陰道，幫助女性分娩，生下寶寶後再縫合。

我沉默不語，我給她技術性的知識擊倒了，毫無疑問，在父母心目中的地位，她說得比我重要，我有點技窮地問：那麼，怎樣才能證明到我能比你父母更愛你。

Cherry 嘆氣道：你雖然不是我喜歡的類型，但也不是我討厭的那一種。你先找到一份工作，證明你有經濟的能力吧。

我是知道 Cherry 的心意，其實她比我還要緊張，她希望我找到一份工作，就能再次融入社會，開始蛻變。

2. 找工作

　　我笑道：這個真的很困難，因為我出院後，曾經有朋友問我：阿富，你找工作一定很困難，僱主為甚麼不聘用一個健全人士而聘用你？

　　我難以應對，連自己都不能說服到自己，所以出院到現在，七年了，我都還沒找到工作，你給我這個難題，跟直接拒絕我，有甚麼分別？

　　Cherry 的表情一下子凝重起來說：如果別人的一句說話就影響你的行動，那麼你只能永遠活在別人的想法裏，連你自己都知道不能給我安全感，我實在不知道你怎麼還要追求我？

　　那一刻，我已經完全忘記自己的初心，就是想追求 Cherry ，現在的我，竟然想拔腿就跑出門外去，當作甚麼也沒有發生過。

　　接着將近十分鐘的沉默，我捧着小提琴放在右肩上說：我們繼續上課吧。

　　Cherry 笑着，聳肩看了我一眼，問道：怎麼了？不追求我嗎？那麼繼續上課吧。

　　回家的路上，我在想，我真的需要找一份工作，是怎麼樣的工作倒是不重要，反正有了工作才能真正融入社會，和可以追求 Cherry。思考時，時間覺得特別短，轉眼間已回到我家樓下，看到了當值

的保安員，我心頭顫動了一下，眼裏充滿茫然和希望，靈機一觸，我可以去應徵保安員。我看到樓下的保安員，只是坐着就可以，頂多只是巡邏各樓層，這個，我一定能夠勝任。

回到家裏，我上網報讀保安員課程，準備申請保安員牌照，和寄出申請保安員的履歷表。

3. 怎樣捉賊

我叫 Cherry 認真的看着我，說：你從來沒有看到我這個嬉皮笑臉的人會是這麼認真的。

Cherry 一臉疑惑地說問：快點說吧，你學琴的時間現在已經在計時了。

我反問說：你是律師嗎？和你談天也要計時嗎？

Cherry 睜大了眼睛說：我不是圖你那些學費，我對每個學生的態度都是一樣的。

我說：我明天就去應徵了，很快就會找到工作，到時我就可以私有化你了。

Cherry 輕輕啊了一聲，說：那麼，祝你好運！

終於來到面試當天，我充滿信心地去見面試官。

一開始面試官就問了我一條處境問題。面試官說：岑先生，你怎樣和比較難相處的同事相處？

　我回答道：和容易相處的同事相處時，自然會多說兩句，多笑兩聲；當和較難相處的同事相處時，同樣亦都要多說兩句，多笑兩聲，因為你永遠不能改變別人的性格，你只能改變自己的態度。

　答完後，我暗暗自喜，覺得自己答得太好了，有了工作就能得到 Cherry 父母的祝福，和 Cherry 在夕陽裏牽手漫步沙灘。

　面試官再問：岑先生，你只有一隻手臂，怎樣能夠捉到賊人？

　我說：我只是來應徵保安員，不是應徵警察，捉拿賊人，找警察就可以了。

　面試官打斷我的說話，說：岑先生，你覺得捉拿賊人找警察就可以嗎？你有沒有看見住宅或商場有截肢的保安員？

　好像給他說中了，我又真的沒有看見過！這是一個多麼尷尬的問題，我多麼希望自己能把缺陷都埋藏，直接跳到實際工作的問題裏。

　面試官接着說：你知不知道，為甚麼住宅或商場沒有截肢的保安員？因為聘用截肢的保安員會讓住戶覺得沒有安全感！

聽完之後，我的工作價值彷彿連最低工資都不如。

Cherry 在夕陽裏，甩開了我的手，頭也不回，既不慚愧，也不後悔，這也難怪，因為她對我並沒有愛。

4. 私有化

每週一小時的學琴時間又到了。

Cherry 關心地問道：面試順利嗎？

我一臉苦悶說：別提了。

Cherry 入戲地作弄着我說：你不是說要私有化我嗎？

我說：哈哈，我暫時還沒能力壟斷你，你還是集體擁有制！

Cherry 打擊我道：我就知道你不會獲聘請的，因為你對自己都沒有信心，還沒有接受到自己的不完美。

我咬下嘴唇，不甘心地說：我敢走到街上，已經是接受了自己的不完美，只是面試官的問題，像要在雞蛋裏挑骨頭。

Cherry 站定，沒有露出任何表情，仔細地看着我說：你說你已經接受了自己的不完美？夏天滿頭大汗，你還穿着長袖衣服。

　　我無言以對，思索了一會兒，反駁說：但面試官的問題，真的是在雞蛋裏挑骨頭。假如你是我，面試官對你說：聘用截肢的保安員會讓住戶覺得沒有安全感，你會怎樣回答？

　　Cherry 連思考的時間都不用，斬釘截鐵地說：安全感不是靠外表，用視覺效果猜想出來的，可能我肢體上真的是有限制，但我的能力、我工作的細心和盡責，會讓住戶產生安全感。現在很多商場和住宅都有無障礙設施了，如果貴公司還能聘請一個傷殘人士任職保安員，會讓社區更共融，更和諧。

　　我聽得都醉了，大吃一驚道：答得真好。

　　Cherry 瞪我一眼接着說：就算遇到一些不是自己能力範疇的問題，你都需要作出即時的反應，面試官最主要是看你對答的反應。

　　我好像明白了些甚麼，感動地說：謝謝你教我怎樣可以將你私有化。我不要再活在別人的想法裏，我要再次健全。

5. 做小記者

回到家裏，我照常地用電腦上勞工處的網站尋找工作，我對這個網站，雖然已經失去感覺和信心，但總是每一天都看它有甚麼空缺更新，我還抱有些微的希望。

突然間，靈機一動，既然我的價值連最低工資都不如，用盡所有方法都行不通，找人傾訴和向人求助是很重要的，所以我向「展能就業」求助。以前我是很抗拒輔助就業的，因為我真的很想靠自己的能力去尋找工作，奈何總是吃閉門羹，有時候，試過所有方法都行不通，向人求助和找人傾訴是很重要的。

「展能就業」很快就介紹了一份在香港會議展覽中心做電腦展覽的兼職給我，因為只是工作三天的短期兼職，所以我沒有和 Cherry 說，因為我不想用取巧的方法來私有化她，我當時非常開心，畢竟我已經有七年沒有工作了。因為吸收了 Cherry 教曉我的面試經驗，當面試要求做自我介紹時，我介紹了殘障人士的優勢，建議可以互補大家的不足，從而做出雙贏的局面。

我當時覺得自己說得很好，甚至連我自己都不懂自己在說甚麼。幸好面試官沒有追問我：甚麼是殘障人士的優勢？怎樣互補大家的不足？如何做出雙贏的局面？不然我就又要答得艱辛。

就是這樣，我被順利取錄了，安排與一個只有二至三成視力的視障人士，組合成小記者去採訪嘉賓，我負責影相，我的搭檔負責錄音，然後做筆記。

　　我覺得做小記者，應該用單鏡反光相機才會像模像樣，工欲善其事，必先利其器，我連忙向朋友借了一部單鏡反光相機，透支了所有的人情牌。

　　當日有很多賓客找我幫他們拍照，工作的時候，整套照相動作，我都只能用一隻手去完成。我先用姆指、中指和無名指夾着單鏡反光相機，再用尾指來控制對焦屏，令鏡頭變焦，最後用食指按下快門。按快門的一刻，我看到賓客們的靈魂之窗都流露出一絲絲的敬佩，我想，這就是殘障人士的優勢。

　　八十元一小時的工資，每天工作五小時，四百元一天，結果我們很稱職地完成了工作，雖然只是工作了三天，但我們得到的不是金錢，而是自信，原來我們可以將自身的殘缺化為優勢，例如我的視障搭檔，因為他沒有受到肉眼的誘惑，反而一有空就專心做筆記，雖然少了色彩，卻多了一份專注！

第七章

1. 工作經驗

練琴的時候，我告訴 Cherry，我有了工作經驗，她聽後比我還要興奮，放下手上的東西，連忙問：是甚麼工作？怎樣找到的？面試時有沒有用我教你的面試技巧？

Cherry 對我的着緊，我說不清是愛還是關心，我想，對於不相愛的一男一女，是沒有辦法即時有這種貼心反應的，所以我相信她對我的事情這麼着緊是有意義的。

我一直注視着 Cherry，她的眼神聚焦地看着我，從她的眼球裏，我看到了一個帶點不好意思的自己，親眼看着自己說：我的工作是夥拍着一個視障人士，組成小記者去採訪嘉賓，是「展能就業」介紹的，只工作了三天，現在我又失業了。

Cherry 出乎意料地說：很好啊，你懂得找人幫助，代表你會變通。有工作經驗就好，你要記着這種感覺，它會令你更有信心，距離下一次成功找到全職工作已經不遠了。

說完，Cherry 轉過頭去的那個時刻，我就對自己說，不要再令 Cherry 失望了。我只是覺得非常好奇，她是甚麼時候開始，對我的事情這麼上心的。

2. 模擬面試

我必須要再努力找工作，有個朋友叫我參加社區中心的輔助就業，結果我被安排了去一間「香港傷健協會」的社區中心應徵活動助理。面試前，我把這消息告訴了 Cherry。

Cherry 就開始和我配戲，她硬生生的說：我要充當你的面試官，和你演習一次，因為你面試的經驗實在太少了。一邊說，一邊叫我坐在她對面，嚴肅地說：你的努力，別人不一定放在眼裏，你不努力，別人一定放在心上。說完就開始模擬面試了。

Cherry 眼神一改，換了一副不認識我的表情說：岑先生，你認為怎樣才是一個好員工？

我大吃一驚道：Cherry，你很想我不獲聘用嗎？第一條問題已令我感到空泛和畏懼。

Cherry 打斷我的說話道：我想要的是你即時的反應，請叫我做 Cherry 經理。

我無意中看到 Cherry 後面的書架上，有一本《禮記·中庸》，我就靈機一觸地答：好的員工是要慎獨，就算沒有上司在監督，少了旁人的眼光，也能對自己有約束。

Cherry 突然精神起來，跳下椅子，捉着我的手說：對了，就是要這種反應。

3. 非憐憫

我做好了所有面試前的準備，信心滿滿地帶着這種感覺，去「香港傷健協會」應徵活動助理。

踏入中心門口，看見大堂擺放着五張桌子，旁邊已經坐滿姿態不一的會員，有的在看報紙，有的在溫習，有的小孩在玩爆旋陀螺。玩爆旋陀螺那桌子的孩子開始喧鬧，一個膚色白淨的小孩指着旁邊的小孩說：你連一次都沒有辦法贏到我，根本不配持有陀螺。

在好奇心的驅使下，我行過去和拿着陀螺的小孩說：怎樣才能有資格持有陀螺？

小孩看了我一眼，不屑一顧地說：我昨晚目睹天空落下了星的碎片（隕石），星的碎片傳出聲音說：我就是被選中的人。

我被這豪言萌動了。

剛巧職員經過，她問我是否來應徵的？我回答：是。

她開始安排我做技能測試，如打字的速度，示意我用五分鐘時間，打完一份宣傳活動的單張。

因為面試時，她忘記幫我計時，我打了接近三分鐘的時候，她跑到我面前說：糟糕，剛剛忘了幫

你計時，你知道你是甚麼時候開始的嗎？我說：大約三分鐘前吧！

她按下了計時器說：就當現在開始吧，這是對你的誠實作獎勵，令我多了三分鐘的打字時間，亦因為這額外三分鐘，我才可以成功打完整張宣傳活動單張。

由這一刻開始，我就對自己說，假如日後我能成為這中心的職員，有殘障人士來面試時，我都會偷偷地給他額外三分鐘的技能測試時間，這就是我們殘障人士之間的浪漫！

做完技能測試，等了兩分鐘，有人來引領着我進入經理房，坐在面試枱前的一個女士說：我叫劉經理，坐在我旁邊的是姜經理，請你說一說，為甚麼對我們中心的職位有興趣？

Cherry 和我的練習終於能派上用場，我早前已經上網查看過他們中心的資料，我立刻抖擻精神，坐直身子說：貴中心的宗旨是「機會非憐憫」，我正好是殘障人士，想再次融入社會，最好的途徑是找一份工作。因為一份工作就等如對殘障人士的一份認同，一份肯定，有了工作就會有收入，有收入就可以去進修，去學習自己的興趣，從而增加改變自己命運的能力，這可能會改變殘障人士的一生，這就是貴中心「機會非憐憫」的概念。

4. 星之碎片

答完，我望向劉經理，她沒有任何表情，不能從她面上知道答得好還是不好，看來她應該有跟無數應徵者面試的經驗。

心中正盤算着，我剛才會不會答得太多，或答得太累贅呢？

劉經理打斷了正在思考的我，說：現在問你一條處境問題。你怎樣教一個智障人士增值八達通？

我聽到後就立刻崩潰，因為我和 Cherry 演習時的問題一條也沒有問及，但我相信，還是離不開面試的原意，只是想考考我的反應！

我立刻說：首先看看他智障的程度，另留意社區內有甚麼設施，例如最近的便利店的位置和怎樣去。再因應他的智障程度，用相應適合的方法去教他，教完之後，讓他實習一次，一來增強他的記憶和自信，二來確保他真的明白。

劉經理繼續說：如果他把你給他增值的錢原封不動地帶回來，你又會怎樣處理？

我嚥了一下口水說：那麼他再次實習的時候要跟着他，親身看一次他做增值的過程，看看他在哪一個位置卡着，才能對症下藥，例如他不敢開口對便利店職員說增值，就嘗試用寫字條的方法，讓他拿給店員看。

劉經理沉默半晌說：我問完了，接着姜經理發問。

姜經理依舊沒有任何表情，可能經理級以上的人，面試時都是這樣子的。

姜經理說：你怎樣教一個不會煮飯的媽媽下廚？

我猶豫了一下說：帶她去圖書館找些烹飪的書看。

姜經理流露出一個微妙不快，說：你的意思是叫她自己去看書？

我意識到答案不合她心意，連忙說：先培養出她對烹飪的興趣，有了興趣，自然會去找烹飪書看，在興趣的帶動下，她很快就學會下廚。

姜經理繼續說：你有沒有托管的經驗？

我聽後緊張起來，感覺到有一滴冷汗，由太陽穴偷偷地冒出來，不經意地流到臉龐上，心想，我哪裏有托管的經驗，自己仍是一個還沒長大的孩子王。

「沒有」兩字正準備衝口而出的時候，劉經理笑着對我說：我剛剛看到你和大堂的小朋友談天，打成了一片！

天啊，難道連個天都在幫我，原來我也是被星之碎片選中的人。

　我連忙接着劉經理的話題說：我對小孩的童真和想法充滿好奇心，所以很容易和小孩打成一片！托管絕對無問題！

　劉經理和姜經理好像很滿意我的答案，收起了嚴肅的表情，笑着說：面試完畢，你有甚麼問題要問我們嗎？

　我說：沒有了。

　答完後，整個人像解脫一樣，感覺到有一道光指向着我，彷彿聽見星之碎片向我傳來聲音，對我說：你下個月一號上班吧。定神一看，原來我只是被劉經理選中的人。

　生活不是深淵，如果你覺得自己下沉，只是因為地心吸力的原因。只要你環顧四周，每一個人都會落入不同的境況，看誰能最快站起來，誰就是贏家。當不了贏家也沒有關係，因為生活不是戰場，沒必要跟其他人一較高下。當你休息足夠後，你會發現這個深淵是可以一步一步行過，甚至不用爬。

第八章

1. 入場券

　　回家前我跑去琴行，把這個好消息告訴 Cherry。我興高采烈地和 Cherry 說：我下個月就上班了。

　　Cherry 興奮得把手上拿着的東西都掉在地上，跑過來在我面前說：太好了，你終於可以融入社會，成為一個健全的人，還有，我不用再擔心你交不起學費。

　　我流露出一個輕微的不快，說：你對我的事情這麼着緊，原來只是擔心我沒錢交學費，不再跟你學琴嗎？

　　Cherry 故意裝着不高興，道：你猜呢？

　　我突然間安靜下來說：我看不透。

　　Cherry 哈哈大笑地說：女孩的心意，怎會這麼容易給你猜透？

　　我跟着她一起大笑，哈哈哈。

　　我收住了笑容，然後入正題，怔怔的看着 Cherry 說：我這次來找你，主要是兩個事情：一個是感謝你，全靠你幫我做的模擬面試演習，令我找到了工作；另外一個，是我今天來把你私有化，因為我已經達到你父母的要求。

Cherry 停了半晌說：哈哈，你不用向我道謝，這是你自己的努力，我只不過想你知道，縱然天空塌下來，你也要把人生的道路走下去。我知道是不容易，但我也沒猜想到你會成功的，這就是你還沒有察覺到自己的能力。

我情不自禁地插了一句說：全靠你，我心態上才能再次健全。

Cherry 輕蔑的笑笑，繼續說：你今天是來私有化我的嗎？愛是上天賦予每一個平凡人的權力，你可以選擇愛誰都可以。你找到工作，不是代表你已經通過我父母那一關，只能說明你有了最基本的入場券。

我不明白地問道：即是怎麼樣？

Cherry 哈哈大笑地說：明天我有個朋友生日，和我一起去吃飯吧，介紹你給他認識。

我唇邊露出微笑，這是我第一次能融入她的生活，去見她的朋友，我只是有點好奇，究竟她會怎樣介紹我給她的朋友認識呢？我能融入她的生活圈子，成為她的男朋友嗎？

那一刻，我像是做夢一樣，內心都歡呼了起來，充滿渴望地說：好啊，讓我可以把一個完整的自己呈現在你的朋友面前。

Cherry 笑而不語，右手握着拳頭，示意我加油。

我還是頭一次和 Cherry 談天，是不用收費的。

2. 壽星仔

第二天，我穿了白襯衫和西褲，就去找 Cherry，還瀟灑地在她面前轉了一圈，我以為能把她迷倒，怎料 Cherry 詫異地看着我，我也呆呆的望着她，期待着她說些甚麼，在這個時候，只有 Cherry 的稱讚，才能令我覺得有說服力。

Cherry 張大了嘴巴說：你和平時不一樣？

我露出自豪的微笑說：你覺得我將左手邊的衣袖放在左邊褲袋，看來斯文點？還是把衣袖往上摺疊起來，好看些呢？

Cherry 無奈地說：你覺得舒服就好，說真的，你別介意自己是怎麼樣。

我聽後就坦然，人也放鬆了，但我還是把衣袖藏在左邊褲袋裏。

Cherry 帶着我來到了她朋友的生日會。

她的朋友早已到齊，Cherry 正四處掃視，很明顯，她在找主角，最後，她一邊勾住壽星仔的脖子，一邊祝他生日快樂，一下子她已融入了她的朋友群中。

壽星仔笑着回應了一聲：謝謝。然後他的目光望向我。

Cherry 笑着對大家說：我給你們介紹一下。我也在期待着 Cherry 的答案，究竟她會說我是朋友還是男朋友呢？

Cherry 要開口說了，彷彿整間餐廳都安靜下來，我全神貫注地望着 Cherry，生怕聽漏了任何一個字。

Cherry 笑着說：他就是我的小提琴學生。

我聽得生氣極了，但依然不失大體地說：是的，Cherry 是我的小提琴老師，而且還是個胡亂收取學費的老師。

壽星仔說：Cherry 還是第一次帶學生來我們的聚會。

我的氣還沒有消，就打趣地說：可能 Cherry 最近開支大了，所以就帶她的學生來聚會，當作課堂，順道賺取學費，我想，除了我以外，沒有任何人能接受這樣的上課方式。

壽星仔和其他朋友笑道：哈哈哈，一個願意打，一個願意捱。

由於我不能一邊拿着碗，一邊拿着筷子吃飯，所以我只好把飯碗放在桌子上，伸長脖子，彎着腰，用嘴巴一邊固定飯碗，一邊把飯菜扒進口中。

我沒有意識到，那一刻，壽星仔一直在注視着我，他打斷了忙着扒飯的我說：你也是一個截肢者嗎？

我張大了嘴巴，吃驚地反問壽星仔：也是？

壽星仔身體晃向左邊，伸出左腳，用隻手緩緩拉起長褲，露出了一隻義肢。

我說：哇噢。你穿着義肢腳，行得很自然，真的看不出來。

壽星仔唇邊露出微笑，得意地說：不單你看不出來，連我岳父岳母都看不出來，我結婚直至現在，他們也不知道我是個截肢者，哈哈哈。

我驚詫不已，沒有言語，望着壽星仔，對他肅然起敬，當時我想，這是多麼豁出去的行為。

壽星仔突然間把手拍在我肩膊上，我看着他，羨慕地說：你們的愛已經昇華到了一個高點。

壽星仔瀟灑地說：我以前談了兩次戀愛，兩次都是女朋友家人反對，最後都是分手收場。

我打斷他的話說：嗯，我能理解。

壽星仔接着說：我們當時就決定，只要認定了對方是終生伴侶，不管用甚麼方法都可以，即使隱瞞着岳父岳母我是一個截肢者，因為這是屬於我們的愛情，也許我們夫妻倆只是待在家裏，聽聽音樂，各自看看書，我們已倍感幸福。能過着屬於自己節奏和適合自己的生活，即使是做些很普通的事情，都會感到幸福，因為真正的愛，其實就是大家一起過一些簡簡單單的生活。

我佩服萬分，繼而說道：你是下肢截肢，戴上義肢，穿上長褲和鞋子，只要平時多加練習，就能恢復健全人士七成的行路能力，還有，就是不容易看出你是截肢者，擁有紮紮實實的安全感。而上肢截肢者，像我這些手肘以上的截肢者，戴上義肢，穿上長袖衣服，即使平時多加練習，最多只能恢復健全人士三成以下的能力，還很容易就被人察覺是義肢，只剩下淒然的傷感。

壽星仔認真的反駁道：不論上肢或下肢截肢者，又或者是健全人士，每個人都會有他的難題，沒有甚麼是非要完美不可的，也不要模仿別人的生活方式，它會讓你忘記初心。

我問道：你的意思是否叫我不要模仿，只能參考嗎？

壽星仔說：是的，用適合你自己的生活模式，我知道這會很難。我告訴你一件有趣的事情，你猜我截肢後給人問得最多的問題是甚麼呢？

我露出自信的微笑說：一定是問你甚麼原因引致截肢？

壽星仔哈哈大笑地說：錯！我截肢後給人問得最多的問題是，你是意外之前還是意外之後，認識你太太呢？

我哈哈大笑說：竟然沒人對你怎樣引致截肢而感興趣。

壽星仔說：因為他們都知道我們截肢者談戀愛的艱辛，才會這樣婉轉地問我們。

我又打斷他的話說：要不是你剛剛告訴我答案，我可能也會問你這個問題，哈哈哈。

壽星仔一笑說：原來你對這個問題也有興趣。

我說：當然有興趣知道啦，雖然我只能參考你的個案，但有了你的真實事例，就像打了一支強心針一樣，令我相信，我們截肢者也能擁有真愛。

壽星仔說：沒有人是真正完美，其實也沒有人是真的殘障。要是她真的喜歡你，就算你是一堆陶泥，也會被看成是一個陶瓷。

我點了頭，好像明白了些甚麼似的。

壽星仔繼續說：那麼你又知不知道，緊接着問得最多的問題之後，又會問甚麼呢？

我這次不再自作聰明，搖一搖頭，表示我不知道。

壽星仔接着說：之後他們會問，你老婆是否也是殘障人士？

Cherry 走過來哈哈大笑，說：認識了你這麼久，還是頭一次聽到你這些有趣的經歷。

壽星仔說：哈哈哈，因為你從來沒有覺得我是殘障。有空便多些帶你的朋友來參加香港截肢者協會的活動，讓我們成為同路人。

我們很快就打成一片，這是我第一次能融入 Cherry 的生活，感覺像海市蜃樓般，既抽離又具象，既虛幻又真實。

也許這只是存在我腦裏的浮像，但已經深深嵌在我大腦皮層裏，怎樣也忘卻不了。

對於我這樣從來沒有弄明白現況的人來說，相信就是最好的選擇，這種相信是多麼的煎熬，但我必須確定相信的重要性，這就是令我不斷向前行的泉源。

3. 帶到現實

Cherry 不會為了我而瞞騙她的父母，而我是一個容易接受現實的人，喜歡每事清清楚楚，不愛拖泥帶水，我想到採取漸進式的方法去接觸 Cherry 的父母，首先以朋友形式作為開始，慢慢讓他們接受我的缺陷，明白就算我截了肢，依然有工作能力，也能照顧到他們的女兒，當 Cherry 的父母看見了我們拖手，就會慢慢接受我們成為情侶。

Cherry 拍醒正在幻想的我問道：你在發甚麼呆？

我急不及待地對 Cherry 說：我能再次融入你的生活嗎？能到你家作客嗎？你可以用朋友或者是小提琴學生的身份來介紹我的。

Cherry 不耐煩地說：你這樣不是融入我的生活，而是侵佔我的生活。

我苦苦懇求說：作客期間也當作學琴時間，可以嗎？為了達到我心中所想，我無所不用其極。

Cherry 說：當作學琴時間是必須的，證明你有經濟的能力，除此之外，還要讓我看見你的價值。

由這一刻開始，我決定在人生裏找回自己的價值。

再去練琴的時候，Cherry 拿着主題公園萬聖節招募演員的廣告，笑着對我說：你可以用空餘時間去試試這份短期兼職，因為我覺得，在香港還沒有一個截肢者在主題公園扮過鬼，我想這個就是你充實自己，嘗試新事物的機會。

我明顯很高興道：因為我們的手或者腳截了肢的關係，扮演喪屍時會更神似，我們可以用義肢腳去踏單車，和戴着義肢手去拉小提琴，遊客就會猜想，究竟我們是怎樣能夠做到這麼逼真的效果呢？

Cherry 接着說：遊客又怎會想到你們是真正的殘障人士！當遊客發現了你們是截肢者時，可能會帶來意外的驚喜，因為聘用截肢者在主題公園扮演「鬼」，這會是一件很創新的事情！

我哈哈大笑，Cherry 急不及待地說：把我們的想法帶到現實吧！敢想，就要敢做。

我相信，如果照着 Cherry 的想法走下去，必然會找回自己的價值。

4. 應徵演員

回到家裏，我就發了個電郵去應徵。面試是分開兩天，用上下午的形式進行，面試當日真是人山人海，我已經是第二天下午才去，瞪大眼睛一看，排在我前面有一百多人以上。

我做了登記後，就被編入組。面試是分開兩組進行，每組大約有五十多人，我組先跟着導師學跳萬聖節舞，我環顧四周，我組只有我一個是殘障人士，難免有些怯場，但整組人一起跳就變得沒所謂，因為一起跳舞，不會顯得我特別出眾，何況今天我穿了長袖的上衣。

　跳舞前，我不停的對自己說：縱然塌下來，你也要把這個面試表演完畢。我知道是不容易，但這是我和 Cherry 之間的約定。

　我還沒趕得及消化內心的恐懼，就需要五個人一組，出去跳舞給評判看，心裏盤算着，原來還需要在這麼多人面前跳舞，如果一早知道要這樣面試，我猜自己一定不會來參加。我還沒有意識到，自己原來這麼害怕陌生人知道自己是截肢者，莫非這就是 Cherry 說的價值？我還沒有學會愛自己，接受自己的不完美。

　當初我未意識到自己的恐懼，只因平時的我固定在看，原來走動的人永遠比固定在看的人更早瞭解到自己。

　在眾人面前跳舞只不過是一件普通的事，但對於我來說，這就是一個心結！我不停的對自己說：你覺得舒服就好，說真的，別介意自己是怎麼樣。

　我還沒有準備好，音樂就響起來，身體不期然地跳動着，動作也豁了出去，萬聖節舞的動作要很大，舉手、投足、踏地、轉身，當左手的衣袖在自己身邊左飄右移時，全場都知道，我是一個截肢者。

　　我第一次在這麼多人面前剖析自己，其他人看見了，並沒有太大的反應，原來給人知道了自己的缺陷，反而有種釋放的舒暢，終於不用再遮遮掩掩了，終於可以做個普通人了。舞步雖然跟不上節奏，動作也談不上優美，但我終於完成了面試過程。我慶幸自己有參加這次的招聘會，如果預先知道招聘過程，我一定不敢來參加！原來想像和親身體會是這麼大的分別！更令自己出乎意料之外的是，主題公園竟然聘請了我！這更堅定了自己的想法，我一定要學懂 Cherry 希望我擁有的價值。

5. 賦予機會

　　主題公園人事部對我說：我們演員的上班時間是星期四至星期日。

　　我不好意思地說：星期一至五，我有自己的工作，也希望你們明白和體諒，一份工作對傷殘人士的重要。除了星期六和星期天我可以在主題公園全日上班外，在星期四和星期五，我可否晚上七點後才上班？

　　主題公園人事部猶豫了一會說：你提議殘障人士在主題公園扮演「鬼」，我們公園的導演都聽過，覺得很滿意，所以你放心，由於你做的只是短期兼職，我們可以配合你的上班時間。

　　我當時兩眼發光地說：太好了，謝謝你們給予的機會。

機會是上天賦予每一個平凡人的權力。

換言之，十一月前，我一週要上班七天，為甚麼我能堅持？只有經歷過失敗的工作考驗，才有征服下一次勝利的力量。

上班前，先要上一週的演員課堂，才能在遊客面前表演，上課時，導師先介紹公園的背景，同學們一起玩遊戲，扮演動物，一起猜誰是殺手，各自扮演自己的角色給其他同學看，一起分享。我收穫滿滿的，彷彿再次健全地做着各種遊戲和訓練。

6. 戲

有個戴眼鏡的女同學，說了一個非常有意思的分享，她說：我聽過一個非常出名的舞臺劇導演說，當你扮演一個角色時，就要完全忘記自我，全程投入那角色的狀態，俗稱入戲。

她說完以後，回到座位上，周圍的同學都在討論甚麼是角色的狀態，怎樣才是入戲，就是沒有人舉手發問。

我疑惑地舉手發問：投入角色的狀態，即是抽離了自己嗎？可以舉個例子來看看嗎？

戴眼鏡的女同學緩緩地行出來，對着我說：如果你扮演鬼的角色時，有遊客問你是從那裏來的，你會怎樣回答？

我隨口一句就說：我是由欣澳站坐地鐵過來的。

全班同學都笑了。

戴眼鏡的女同學入戲地對我說：如果有遊客問你是從那裏來的，你要答：我是從下面上來的，一邊說，一邊做着飄浮的動作。

她的演繹得到同學們如雷貫耳的掌聲，原來這就叫投入角色！

我的角色是扮演一個穿着欖球運動服的憤怒木頭人，化妝師用了一個多小時，替我化了一個面容扭曲的立體妝容，我戴上一頂紅色的皮帽子，穿着一件長袖毛衣，完完全全把我的義肢遮掩，為了要套上木紋的手套，我更要換上末端是一個鐵鈎形手掌的義肢。

現在一齊就緒，是我真正出場表演了。

我進入鬼屋，漆黑中，看着機關不停的移動，場內播着悽怨的背景音樂，我憤怒難抑，整個人都進入了憤怒木頭人的狀態。

漆黑的長廊裏，人數慢慢地不斷增加，成了一條隊形，緩緩地前進着，我站在轉角的一個位置，靜止到了一個極點，有兩個遊客心驚膽顫地環顧四周，排在最前的那個人站在我面前，我依然一動不動，他端詳了我數秒鐘後說：真的不錯，就像真人一樣。

跟着他後面的人說：別看了，行快點吧。

此刻我用盡全身的力量踏了地板一下，伸出了雙手，陰森地說：比賽結束了。

嘩！尖叫聲此起彼落，整條隊形即時散了。

有個年青人竟然伸手抓着我的左手，即時露出驚訝的表情，跟他同行的朋友說：這個主題公園的化妝好厲害，不單止樣子化得逼真，連手臂都可以做到硬繃繃，好像木頭一樣，當他想進一步探索時，我立刻縮手，讓他的疑惑永遠成為一個謎，這樣，他永遠留下了一次奇妙旅程！

第九章

1. 全新健全

我把這些趣事告訴了 Cherry。

Cherry 哈哈大笑地說：善用你的缺陷，從而化作缺陷美，這就是你的價值了！

我說：由這一刻開始，我找到了自己的價值，更認識自己，更愛自己。我甚麼時候才能融入你的生活，到你家裏作客，讓你的父母慢慢地認識我。

Cherry 明顯很高興地說：邏輯正確，但行動錯誤，現在還不是見我父母的最佳時機。你雖然懂得接受自己的不完美，和找到自己的價值，但還沒有完全拆除因傷殘而築起的框架。

我堅定的點了頭說：沒認識你以前，我會因為自身的殘障，為自己築起了一個個的框，告訴自己，這些不能做，那些做不到，這樣不安全，那樣不可能。自認識了你以後，我彷彿變回健全，謝謝你拆除了我因傷殘築起的框架。

Cherry 說：是不是健全已經不重要了，至少你有努力過，努力的過程令你變成全新的健全。

我不懂得甚麼才是全新的自己，直至劉經理發現我能用義肢拉小提琴，她跟我說：阿富，你可以進學校作生命講座，還能用義肢拉小提琴，一定能給學生帶來煥然一新的震撼。

我疑惑的看着她說：但我的小提琴只是初學的階段，怎能拿去表演？

劉經理說：你放心吧，到時你會發現，自己有另一種值得令人欣賞的特質。

劉經理帶着我和 Cherry ，到了要作生命分享的中學。因為 Cherry 是我小提琴的啟蒙老師，所以第一次表演，我要求一定要帶她去。

接待我們的老師，用了慣常的職業語氣說：因為我們學校排名一般，我們的學生質素也一般，所以等會你的分享活動，最好不要超時，我擔心學生們的能耐有限。

劉經理苦笑回答：學生質素低？抱歉，我從來不相信。

我和 Cherry 哈哈大笑起來。

老師跟着帶我們進入禮堂，作了個簡單的開場介紹，就把整個禮堂交了給我。我站在舞臺中央，有幾百雙眼睛好奇地看着我，我從來沒嘗試過有這種魅力，站在臺上對這麼多人說話，即使是健全時候的自己，也沒有現在這個能力。

我彷彿是個明星，只差沒有攝影機對着自己而已。

我對着同學說：我不是甚麼成功的人物，今天到來，我只是把自己的故事說給大家聽聽。

分享完，我戴上義肢，拿起小提琴，同學們都露出驚訝的表情，我看着坐在臺下的 Cherry，只見她緊張地一個深呼吸，示意我跟着她同步深呼吸，我大口地吸了一口氣，當空氣呼出身體時，手臂緊隨着身體的微妙變動而拉奏起來。

　　結果是，同學們反應非常好，還有學生願意超時留到最後，問我一些生活上遇到問題的處理方法，印證了我的分享，兼得到認同！

　　Cherry 笑着走到我面前說：做得好，學費果然沒有白交。

　　我二次創作着劉經理的說話道：永遠只做一些你已經知道的事情？抱歉，我從來不會！

　　劉經理和 Cherry 笑得樂不可支。

2. 回家

Cherry 突然給了我一個很大的驚喜，對我說：我爸爸明天生日，請你來我家裏吃個便飯吧。

我興奮得連忙點頭，生怕 Cherry 反悔。

我堅信 Cherry 這舉動是對我愛意的肯定，而我漸進式的想法很快就可以如願以償地發生，這興奮的想法令我夜不能寐。

在我的記憶裏，我的童年，我的青年，即使是健全，都只是很平平凡凡地度過，別人喜歡甚麼，我追隨甚麼，誰漂亮，我追求誰，可是少年時候的我做過甚麼？在那最重要的健全歲月裏，也許有着健全的回憶，但這回憶只給我留下了曾經健全的感覺，之後甚麼也沒有了。

沒有甚麼是不會改變的，我上一段回憶已經過去了，我現在要重新開始，重新做好我將來每一段回憶。

Cherry 和我在餅店挑選了一個精美的生日蛋糕。她站在門口猶豫了半晌，緩緩地用鑰匙把門打開。

伯母一邊端着一碟雞肉，一邊對我們說：回來了嗎？還帶了朋友嗎？快去洗手，準備食飯吧。

Cherry 笑而不語。

我仔細地端詳着伯母的相貌，她除了頭髮比 Cherry 短，面上有皺紋外，相貌和 Cherry 是一模一樣的。

世伯打斷正在端詳伯母的我說：Cherry 很少會帶朋友回來的。

Cherry 怔了一下說：今天是你的生日啊，我想多些人和你慶祝，會熱鬧點。

世伯高一米七，雙眼皮，留鬍鬚。我端詳了他兩秒說：世伯，生日快樂。

世伯哈哈大笑說：謝謝。

我們全都坐在飯桌旁，不消一刻，整桌子都是菜餚。

伯母說：大家動筷子吧，別讓菜餚着涼。

我反客為主地把雞腿夾進世伯碗中說：世伯今天生日，當然要吃雞腿。

伯母一邊把雞翅膀夾進我碗中，一邊關切的問道：Cherry 是第一次帶男孩回家。你是做甚麼行業的？

我笑着說：在社區中心做助理的，主要是協助中心運作。

伯母說：反正我也不是特別懂。你以後多點上來吃飯就是了。

以後多點上來吃飯，這話是多麼彌足珍貴，我開心得只顧吃着碗中的米飯。

世伯說：他們開心就可以了。

我得到首肯，喜上心頭說：太好了，我以後會時常來的。

我繼續彎着腰子動筷子扒飯。世伯伯母很好奇，我為甚麼沒有拿起碗子來吃飯？

伯母好像發現了甚麼似的，突然問道：你的左手弄傷了嗎？

我開始留意到世伯伯母對我左手的注視，我也知道不能再隱瞞了，我扭了一下身子，故意讓左手的衣袖露了出來，語氣複雜地說：我的左手不是弄傷，而是因為交通意外而截了肢。

說完，全屋突然間靜了下來，我甚至能聽到自己的呼吸聲。

伯母放下了碗筷，問道：你只有一隻手，日常生活能自理嗎？

3. 別忘追求

　　我乘機接着伯母的話題，鼓起勇氣說：我不光在日常生活上能照顧好自己，我還能照顧你們的女兒，我喜歡 Cherry，我會令她成為最快樂的人。

　　跟着全屋一片寂靜，他們都呆住了，我偷偷地看了 Cherry 一眼，她面紅紅地看着我，然後迴避了我的偷望。我再看看伯母，只見她食慾全無地再次拿起碗筷，直至世伯的說話打斷了我們的沉默。

　　世伯嚴肅地說：你懂不懂得愛是甚麼？

　　我遲疑了一會，說：你問我愛是甚麼？我也說不清楚，我覺得只要能和 Cherry 在一起，我就滿足了。

　　Cherry 忍不住插了一句說：小時候，你也時常叫我把錢給街上的殘障乞丐。

　　世伯打斷 Cherry 的說話，憤憤不平道：那是不一樣的，我只是想你給些錢，幫助他們，而不是把自己心愛的女兒也送給他們。

　　Cherry 嘆了一口氣說道：膚淺！

　　我知道世伯伯母內心所想，天下間有哪一個父母，不希望自己女兒能嫁給一個最好的丈夫，可惜，無奈的現實問題還是擺在我眼前，私有化

Cherry 的希望徹底的毀滅，但我還是堅定地告訴世伯說：我一定可以證明給你們看，我會像你們一樣愛護 Cherry，還會告訴你們甚麼才是真正的愛。

世伯沒有言語，繼續食飯。

而我也詞窮了，沒有再說話。

這真是一個漫長的飯局，我心猿意馬地繼續彎着腰子吃飯。

伯母突然把雞屁股夾進我碗中說：不要只顧着吃飯，吃些菜餚吧。

我沉着氣問道：世伯，我怎樣才能讓你們對我有安全感？

世伯藏住了笑容說：你是個後天的截肢者，還這麼年輕，我不相信你已經完全康復。

我立刻站起來，假裝輕鬆地在他們面前轉了一圈，我以為可以用行動來把他們說服，問道：我除了左手截肢是不可改變的事實外，還有哪裏沒康復？

事實上，世伯根本沒有理會我，繼續說：你有沒有聽過一句金句：「沒有受過艱辛的成功，是不稀罕的。」你康復的過程，沒有受過深刻的體會就糊裏糊塗康復了，所以好得愈快，跌得愈痛，日後你的情緒一定還有很大的波幅，尤其是遇上逆境的時候。

我流露出一剎那的不快，然後又被骨子裏的喜悅所覆蓋，這些忠言比接受更顯得珍貴，我必須擁有實實在在的安全感，令世伯伯母相信，我不會給逆境摧毀。

　　伯母不再做旁觀者，忍不住插了一句說：其實我們沒有想過打擊你，現實才是你最大的敵人，你雖然有一份工作，但這份工作穩定嗎？如果你能在工作崗位上有晉升，或是離開社福界還能有穩定的收入，你經歷了這個過程，我們就能相信你是一個有安全感的人。

　　世伯補充道：但也別忘了，愛是需要自己行動去爭取的。

4. 離開行當

　　在香港傷健協會工作了四年，還沒能晉升，當時的活動助理薪酬追不上最低工資，「入不敷支」這個事實其實是早已存在，伯母的擔心是對的，而我早就知道，但是當時改變不了甚麼結果。現在不同了，我有了截肢後的四年實際工作經驗，自信也回復了。

　　我對 Cherry 說：我想辭掉活動助理，去找一份能滿足現在生計的工作，你說好嗎？

　　Cherry 說：你想怎樣，就相信自己去做吧，一直向前行才不會害怕。

　　我當天就寫了辭呈給劉經理，她在電話中問了我辭職的原因。

　　我緊張地回答：我找到新工作了，是一間日本公司，賣飲水機的。

　　劉經理笑着說：恭喜你，希望你工作愉快。

　　我掛電話的那一刻，佇立了幾秒，忍不住有些傷感，我一直注視着電話，直至電話黑了屏，我對着電話輕聲說：謝謝！

　　因為這畢竟是我截肢後的第一份工作，我堅信這只是暫時離開而已，並不是入錯行。

　　Cherry 對我說：你除了繼續練習小提琴外，還可以找些運動去做，這樣可以消除自己的惰性，保持住熱情。

　　我延伸着 Cherry 的建議說：好啊，我小時候時常打乒乓球，打乒乓球只需用一隻手去打的，說不定我可以打得很好，或可成為一個運動員，參加殘疾人奧林匹克運動會。

　　Cherry 比我還要興奮地對我說：好提議，到時有人問你的職業是甚麼，你就可以很自豪地跟人說，我是一個運動員。

　　我完全忘形地說道：是啊，我可以朝這個方向發展，找回自己的價值。

第二天，Cherry 就買了一百多個乒乓球，還買了個可以伸縮的拾球網給我，那我不用彎下身子就可以把乒乓球拾回。

　我感動萬分，雖然我是個截肢者，但 Cherry 總是相信，我的生命充滿很多的可能性。上天讓我在這個世界上遇到她，肯定是上天的安排，雖然我不知道將來會發生甚麼事，但一定有祂的意義。

5. 自責

　我是一個被動的人，但我卻很喜歡那些行動型的人，我多麼希望能成為他們其中的一分子。我發現他們步伐比我快，當我在發呆的時候，他們已經在思考；當我在思考的時候，他們已經行動；當我行動的時候，他們已經在休息；最後我便停下來不動，跟着他們休息去了。所以我只能佩服他們，但做不了他們的一分子。

　辭職以後，半年也找不到工作，即使有，也只是斷斷續續的兼職工作，一直維持有三年多。我不怨恨任何人，只是自責，我對現在的我已經日漸失去感覺和激情，我感受到周遭的艱辛，很快就打回了原形。我曾經以為自己是一隻不死鳥，不會再被抑鬱困擾，原來沒有人會一直都是正面的，就算多堅強的人也會發自心底的流淚。我時常去學校做生命分享，開導的都是別人，卻釋懷不了自己，結果變成了自己也需要開脫。

6. 引爆點

晚上睡覺的時候，我轉輾反側，其實我不是為了找不到工作而傷心到一個極點，找不到工作只是一個引爆點，引爆後，我的感官消失了，餓不餓，熱不熱，冷不冷，悶不悶，我已經全不知道。

想着想着，我打開了窗戶，心情沒有起伏不平，憔悴的心竟然令我有一種跳下去的決心，原來死並沒有想像中可怕，我爬上窗臺，一隻腳跨過了窗戶，半個身子伸在外面，我開始感到有點恐懼，但求死慾望支配了我，我決絕地放開了緊抓着窗框的右手，身體急速下墜，我的人生，就讓它走到這裏吧，我放棄了自己，然後我發覺，我竟然不自覺地用右手保護着頭部，這是求生的慾望。

我的本能深處原來是想自救，跳下去只是想逃避，我根本不是想死，而是非常想活。腦海中瞬間閃出一絲絲的回憶，我看見媽媽在傷心，想起小時候，生病時被媽媽抱在懷裏，她看見我瘦削的身軀而流淚、知道我截肢而痛心入骨，我看到了Cherry，想起她以前花費在我身上的心機，她擔心我能否再次融入社會，幫我模擬面試，害怕我沒有興趣而想辦法令我能夠繼續拉小提琴。如果知道我即將離開這個世界，她們一定會很傷心。

我現在後悔了，但我的後悔已變得毫無意義，一切都來不及了，我這條命丟得太可惜。那種知道死已在眼前卻無力挽回的感覺，真的很可怕。生命

最後的一秒鐘，不要死，活下去，仍然是我永遠無法否認的慾望。

當跌到了地面的那一剎，全身在一秒內都撞到了，每寸肌膚都很痛。痛楚瞬間麻木，在意識消失前，我看到手腳還在掙扎，好像還在努力翻身，然後很快就不動了。

我立刻彈了起來，再望向天空，身體顫抖着，淚水從眼角滲出來，幸好這只是個惡夢。我打開了窗戶，望向樓下，再望向天空，雲間隱約透出月光，我看到夢境中的自己還在下墜，他對我說：我已代替了你去死亡，你要好好為我活下去。

內心鬆了一口氣，我已經體會了死亡，這個夢已經代替了我，離開這個世界。

我從被窩裏起身，正想展開腳步去開燈，彷彿邁不開步子，我緩緩地開啟房燈，想尋覓回安全感。這安全感的代價是引起了媽媽的注意。

媽媽問了我的因由，捏了我的臉一把說：傻孩子，告訴你一個秘密，即使遇到甚麼難關，無論身體有多累，都沒有令媽媽躺下來，你知道是甚麼原因嗎？

我搖搖頭說：不知道。然後望向媽媽，示意她繼續說下去。

媽媽說：因為你，你就是我繼續前進的動力和盼望。你這次發生了交通意外，不幸中的大幸，你雖然失去了一隻左手，但幸好還有你這個兒子回來和我談天。我早已釋懷，我沒有甚麼可以失去的，我現在只在意你這個孩子，你就是我的全部。

我聽完後，忍不住有些傷感，夾雜着感動的複雜情緒。

7. 轉型

學琴的時候，我猶豫了半天，最後還是把這件事告訴 Cherry，說：現實比我想像中還要強大，我已經迷途了。

Cherry 對我說：每個人都有屬於自己的生活節奏，其實面對現實是不好受，但我們一定要堅強地面對，無論你發生了甚麼事情，我都會一直陪在你身邊，和你並肩去面對，你先把正能量放在一旁，好好照顧自己的傷口。其實每個人在自己的時區內，有自己的步伐。

我一邊聽 Cherry 對我的安慰，一邊說：成為了殘障人士後，我真的有一點事情想做，至於想做的事情是甚麼和怎樣做，連我自己也不知道。

Cherry 拿下我夾在肩膀的小提琴，把它放回琴盒，嘆了一口氣，說道：每個人都有屬於自己的獨特角色，只要找到自己的角色，盡力做好它，才是對自己負責任，這個才是真實的自己。

我當時腦海裏盤旋着企鵝的故事，並告訴了Cherry：上天賦予給我的分享能力，就正如企鵝在陸地上走得很慢，還很容易摔倒，但如果在水裏，它的速度可媲美一輛汽車，究竟我的海洋在哪裏？

　　Cherry 輕聲說道：用生命影響生命這種社會責任，是當你真的能夠做好自己的角色，然後再做生命分享，你不要刻意去為感染別人而做自己並不擅長的事情，這樣會失去了真實的自己。

　　我點點頭，表示認同地說：做自己認為開心快樂的事情才是初心。

　　Cherry 擭着袖子說：我親眼目睹你的生命分享，也親自教你小提琴，但感覺你的小提琴不如你的生命分享來得感動，恕我直言，你不如專注發揮你的生命分享，看可否成為你的事業。

　　我沉默地回應了一句：我不想過份對殘疾的渲染，和不想過份消費自己的殘障。

　　Cherry 轉過頭去，佇立了幾秒，用右手托着下巴在思考。

　　Cherry 轉過頭去的那個時刻，我看着她的背影，說不清是愛慕還是感動，我想，如果她純粹只是當我是學生，我需要幫忙，她伸出援手。但她的過份積極，我相信是有意思的，至少我們現在一起走向同一個目的地。

Cherry 突然靈機一觸，轉過頭來對着我說：用生命分享轉型，走向藝術，或用其他表演方式，就不用消耗別人的同情心。

我打擊她道：我的藝術觸角是零，強項更近乎零，怎樣轉型？

Cherry 嘆氣道：和你相處了一段日子，發覺你有點幽默感，你可以用棟篤笑方式表演，搞一個棟篤笑生命分享劇場。

我接着說：我以前在主題公園，認識了跳舞好厲害的演員，而你又會音樂，我們可用故事形式的話劇，到處表演，我先用棟篤笑做生命分享，當換場景的時候，有一班人出來跳舞，然後我再和你一起演奏。

Cherry 一下子興奮起來說：讓觀眾有笑話聽，又有舞蹈和音樂可供欣賞，當我們有了一定的知名度，便有更多機構找我們表演，我們可以維持收入，繼續收更多學生，教人用棟篤笑做生命分享，跳舞和音樂，我們的棟篤笑生命分享劇場就能繼續營運了。

我稀裏糊塗地說：主打是棟篤笑生命分享，音樂部份拍成影片播放，防止你放我白鴿子，影片伴奏着我，在現場拉奏，這樣一定很有趣。

Cherry 不忍的說：先回到現實，下課時間到了，

你需要預繳下個月的學費，防止你下個月放我白鴿子，不來上課。

我哈哈大笑地說：你收的學費這麼貴，我怎麼捨得放你白鴿子。

我和 Cherry 兩個哈哈大笑起來。

有時我就像在高速公路上拋錨的汽車，連個停泊的地方都沒有，我周圍的車在高速地行駛着，在這急速的路上，Cherry 就像一部拖車，令我尋覓到安全感，這安全感的代價是要收取費用的。

8. 三項鐵人賽

有一次，我的舊同事對我說：富，你覺得在香港，殘障人士可否與健全人士用接力的形式，在同一天空下進行三項鐵人比賽嗎？

我說：嘿嘿，我可以負責跑步。

剛下班，我第一時間把這件不知可否能夠實行的事情告訴了 Cherry。

Cherry 輕聲說：啊，這個很有趣，但如果你只是負責跑步，似乎欠缺突破精神。在香港，還沒有截肢者可以單獨完成三項鐵人賽事。

我無奈地說：我也想跳出殘障的框框，但我不會游泳，你看看我，只有單手，怎樣踏單車？

Cherry 疑惑地問：不會游泳，你不可以去學習嗎？至於怎樣單手踏單車，我們一起再想想辦法。

我反駁說：我健全時都曾經學過游泳，但總是學不會，現在截了肢，不是更難學懂嗎？

Cherry 認真地說：你現在截了肢，一定是更難學會，這就要看你多渴望做到這一件事情。

我說：先想想用甚麼方法能踏單車，才作其他打算吧。何況我的左腳鑲了兩顆螺絲，如果和人碰

撞，或踏得太快時撞車，怎麼辦？如果撞向我右手邊，我還可以用右手保護頭部，如果撞向我左手邊，我會比一般人傷得厲害。

Cherry 用直接而鏗鏘的聲線回應我說：誰叫你踏這麼快？

我愕然，來不及反應說：比賽時，怎麼可能踏得不快？

Cherry 嚴肅的說：比賽時，如你覺得有問題就要立刻慢下來，你所爭取的不是勝利，而是參與的鬥志，挑戰的精神。無可否認，只是參加跑步，確實會減少受傷的機會，但同樣亦會減少了挑戰的元素，難以突顯你嘗試的精神！

我大吃一驚地說：好，太有道理了，有時我以為自己再也承受不起傷害，而去刻意避免受傷，可能真的會比一般人少了受傷的機會，但同樣也會失去很多的色彩。就依你說的，先研究怎樣踏單車吧。

Cherry 隨口的一句就說：你嘗試一下，用你的義肢，看看可不可以夾着掃把的手柄？因為我覺得單車的手柄和掃把的手柄是差不多的。

我說：踏出第一步是很重要的，擇日不如撞日，就約這個星期天去試踏單車吧。

星期天，我終於鼓起勇氣去試踏單車。舊同事

借了部單車給我,我不知道自己能不能操控到,戰戰兢兢地把義肢放在單車左邊的握手柄上,雖然沒有甚麼手感,但至少已經可以固定和平衡單車。先試踩了一個圈,雖然有點搖擺,卻有種說不出的喜悅,彷彿一切都是新奇的,風吹在自己面上,和以前一樣,沒有甚麼分別,但心情確實比以前踏單車時開心很多,原來改變的是自己的心態。

Cherry 興奮地說:恭喜你!因為肯嘗試,你多了踏單車這項技能!

我說:謝謝你,我從來沒試過用義肢踏單車的,我現在知道,肯想,就有機會成真;肯試,就有機會成功! 原來一直以為離自己很遙遠的健全,只要自己願意,接納自己,它還是會出現的。

Cherry 說:如果自己都不行出這一小步,日後就難以跨出一大步。你的底線就是每天都能不用受傷,安全地踏回來。

我說:只要再學會游泳,我就可以去參加三項鐵人賽事,和健全人士在同一天空下比賽,跳出殘障的框框了。

Cherry 脫口而出說:你先報名下個月的三項鐵人賽事吧,置之死地而後生。

我說:好。一言為定。

9. 夢想

　　我上網報了名，下個月就要比賽。在我生命中很少出現這麼有勇氣的時候。

　　離單獨完成三項鐵人比賽的夢想愈來愈近了。其實任何夢想或目標，從來沒有想像的那麼遙不可及，只要你心態健全，一定能做到。

　　這次比賽前的一個月，我是不懂得游泳，但為了完成三鐵夢，我不斷學習及練習，每天去游泳池練習，首先去可以用腳踏到泳池底部的淺水練習池，開始練習，然後再到腳不能踏到泳池底部的深水游泳池，靠着池邊練習，以防自己害怕或者不夠氣時都可以即時抓住泳池邊。

　　我還參加了香港殘疾人奧委會暨傷殘人士體育會的訓練班，期間認識了一個沒有雙臂的游泳選手，她能游蛙泳和自由式，比我游得還要快。

　　我詫異地問她：你游蛙泳的時候，是用甚麼方法上水面換氣的？

　　她從容地說：我是靠腰部上水面呼吸的。

　　女孩子在講解自己毅力時，總是特別陽光，我被她深深的折服了，在那一刻開始，我就告訴自己，沒有甚麼事情是不可能的。

　　終於到比賽當日，我由不懂得踏單車和游泳，到終於能落場比賽的參賽者，除了勤力，還需要夢想，練習期間，每一日叫醒自己的不是鬧鐘，而是夢想！

10. 欣賞自己

今天是二零一三年六月二日，這次比賽的距離是游水七百五十米，踏單車二十點三公里，跑步四點八公里！

我和隊友很早就來到了比賽場地，Cherry 也來現場替我打氣。我們做了登記，把參賽號碼寫在手和腳上，跟着開始做熱身，準備比賽。

突然間，有些途人開始留意到我，從他們的眼神，我感覺到他們的懷疑，這是三項鐵人比賽，究竟我一會兒怎樣用一隻手踏單車呢？

隊友堅定的點點頭問：你準備好了沒有？

因為自身練習基礎不紮實，我顫抖的說：準備好了。

隊友看出我沒有信心，表情一下子便凝重起來說：別害怕，記住，要享受比賽。

因為比賽前，我只是去過一次海中游泳，就是和朋友在屯門蝴蝶灣海裏練習，今日第二次海中游泳已是比賽，所以不多不少都會感到恐懼，我只顧用腳踩水，令自己能浮在水中呼吸，完全沒有向前游，我感覺到自己的體力慢慢地消耗着，而身體只是在原地踏步，潛意識想游向救生艇附近，腦海裏已經浮現出放棄的念頭。

我旁邊的隊友提醒我說：放鬆些，別自亂陣腳，你是可以完成的，當是練習就可以了。

和有經驗的隊友一起比賽，最大的好處是尋覓到安全感。我開始時只望着目標，甚麼也不理會，連我自己也不能相信，我竟然可以游完一個圈回到岸邊。原來一個人的力量永遠比自己想像中的還要大，由不懂得游泳到可以完成七百五十米的比賽距離，我覺得已經超出自己的限制，全靠隊友的鼓勵。

上了岸，就跑去轉項區換單車比賽。沿途得到很多途人的掌聲，這些掌聲，對於我來說是有意義的，因為我這輩子都沒有得到任何掌聲。當我戴上義肢時，旁觀的途人均露出驚訝的表情，有些還問我需不需要幫手？

我戴上義肢，踏單車的速度可以媲美其他參賽選手，隊友還在我前面，幫我破風，帶領着我，我亦不知道我踏得有多快，也懶得再去看計速器，我只知道當下就是享受與健全人士在同一天空下進行三項鐵人比賽的感覺。

　踏完二十點三公里，就去到轉項區進行最後一項跑步比賽。

　連續完成了二個項目，身心都疲倦，腳步也放慢了。

　隊友說：如果呼吸不暢順，先慢慢地調節呼吸。

　我的小腹開始有點難受，我說：我可以停下來，行嗎？

　隊友說：撐住呀！你可以跑慢些，但不要停下來，當你完全停下來，你就很難再次起跑了。

　我聽完我不大明白的理據後，身體極不願意跟隨，但基於隊友有豐富參賽經驗，我還是決定選擇相信他，也就堅持跑下去。

　這比賽的體驗真夠累的，但回想起以前自己跑步，跑到累的時候，從來沒有想過會堅持，只會想自己快要吃不消，還有多久才能停下來？現在的自己，跑到很累的時候，同樣也會放慢腳步，但放慢腳步的同時，意志會告訴自己，現在的慢步速，只是讓自己可以回一回氣，回過氣後還要再加快向前。

雖然在競技的道路上曾經放慢了腳步，但最重要是這一刻的思想狀況，自己是清楚的。慢完又繼續向前跑，好像比賽一樣，還沒到終點，只可慢下來，而不可完全停下去！

終於看到終點了，我看到 Cherry 在終點，深情凝望着我，也許是她為我的努力而有所感動。我跑向終點，撲向 Cherry，淚水直接墜落，一粒粒晶瑩的淚珠，剔透着一個個愛的畫面。

愛，首先要認識自己，真正地活過。我們不是尋找一個完美的自己，而是學會用完美的眼光，欣賞那個不完美的自己，這才是真正的愛。

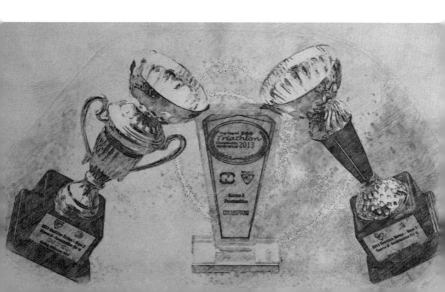

第十章

1. 世俗枷鎖

像 Cherry 這樣的一個女孩，可以突破世俗的枷鎖，跟我談戀愛，我要送一份她最喜歡的禮物給她，我花了一天的時間，揀選了一個精美的小提琴盒，然後去找 Cherry 。

我凝重地把小提琴盒交給 Cherry 說：送給你，謝謝你擁抱着我的缺陷，令我把自己接受到一點保留也沒有。

Cherry 接過小提琴盒，輕蔑的笑着說：謝謝你。

我說：快點打開小提琴盒，看看喜不喜歡？

Cherry 緩緩地打開了琴盒，看見了一隻光彩奪目的戒指。

我用迅雷不及掩耳的速度，從背包裹拿出一支鮮艷的玫瑰花，右膝跪在地上，輕觸着她的手說：你願不願意嫁給我？

Cherry 嚇呆了，雙手掩面，發出抽泣聲，身體流露出一個輕微舉動，她把頭點了點。

我立刻作出即時的反應，馬上把戒指戴在她左手無名指上，因為我生怕 Cherry 反悔，在她還是年少無知的時候，我就快刀斬亂麻地私有化她了。

我將我的手指錯開，嵌在她的手指上，一起商議擺喜酒的事宜上。

2. 重逢

　　我用電腦登入龍山公立學校的網址，在校友會裏寫着，還有人記得我嗎？我是第三十四屆的「神父」，我要結婚了，你們有空來喝囍酒嗎？最後我留下了電郵就登出校網。

　　擺囍酒的前一天，我剛睡醒，就收到了一封電郵，我用手提電話打開電郵一看，興奮得差點滾下牀，風紀隊長說會來喝囍酒，我以為自己夢遊，回到了龍山公立學校。

　　擺囍酒的當天，大佬是第一個出現的小學同學，

149

他摟着我的肩膀說：神父，恭喜你，祝你白頭偕老！

我哈哈大笑，大佬雖然沒有成為校園的王者，花了六個學期也沒有得到風紀隊長的垂青，但我感覺到他和以前是有所不同，以前他只能欺負身邊的同學，我也差點身受其害，如今他的談吐已經變得大方得體。

正當我們談得興起之際，有個陌生的身影，熟悉的面孔，緩緩地行近我身邊，笑着對我說：神父，祝你百年好合。

我聚焦看着她的面孔，嚇了我一跳，原來是風紀隊長，我喜上眉梢，捉着她的手，百般滋味湧上心頭，不知從何說起。

風紀隊長是一個毫不掩飾自己個性的女孩，而我，我連甚麼是個性都不知道的男孩，像一隻放進熱水裏的雞蛋，只會將自己變硬，來迎合熱水，並沒有為她帶來任何的改變，她替我補習的時候，總是那麼主動，但我連一點愛意都沒有表露過。

我只對着風紀隊長說：謝謝你的出現。這句話包含了過去，直到現在。

大佬插入了我和她的中間，對着風紀隊長說：我以前很喜歡你的，你就是我的女神。

風紀隊長笑着說：我現在才知道你的心意，太遲了，現在我已經結婚。

說完向遠方招招手，繼續說：他來遲了，給你們介紹一下吧，你們也認識的。

我和大佬互看了一眼，張大了嘴巴，同步地說：不是吧。你的丈夫是站長？

站長雙手合十，一邊作着恭喜的手勢，一邊向我行近，現在他娶了風紀隊長，頓時覺得他身上散發出一種魅力。

站長摟着我的脖子說：神父，祝你幸福美滿。

大佬搶着插了一句說：你怎樣追到風紀隊長的？

「嘿嘿嘿。」站長露出不懷好意的笑容，風紀隊長也尷尬的笑着。

我也期待着站長的答案。

站長沾沾自喜地說：一個小孩子，不敢追女生，是因為害怕被拒絕，害怕告白失敗就關係告吹，直到長大也是這樣，愈喜歡的女生都是女神。

我和大佬點了點頭，示意他繼續說。

站長接着說：因為以前風紀隊長老是罰我出去站，我反而不太喜歡她、只是有點好感，我就放心去戲弄她，大膽地去追求她，我根本不怕失去，這樣反而讓她覺得我有自信心，就被我追到手了。原來每個人都有各自的自卑，在她心裏，我居然是一個有信心的人。

　　我和大佬聽後，好像明白了甚麼似的，久久不語。

　　直到我太太 Cherry 對着我們大喊：老公，快點過來和親戚照相啊！

　　我才明白到，過去的人，有他們出現的意義，但不要刻骨銘心，最好的還是永遠留在自己身邊的那個。

3. 給女兒的信

　　結婚數年後，Cherry 懷孕了，順利誕下一個小女孩。我帶着充滿感恩的愉悅，寫了一封信給未來的女兒。

親愛的芷渝：

你好！

女兒，你知道嗎？每次排隊，排到我的時候，上天總會令我有更多的體驗，但我從來不會懷疑上天的用心，你的中文名字叫岑芷渝，英文名字叫June，暱稱「專心」！

芷渝，你知道你的由來嗎？二零一五年五月三十日星期六那天，你媽媽有見紅的跡象，我便趕緊送你媽媽去到沙田威爾斯醫院。

在醫院住了四天，期間真是辛苦了你媽媽！六月二日那天早上，你媽媽十一點進入了待產房！直至下午二點左右，媽媽子宮度數開了三度，突然又收縮回二度，醫生就用人手幫她弄穿洋水！媽媽非常辛苦，哭着打電話問我，為甚麼爸爸還沒有下班？甚麼時候才能來到？而女兒，你還沒有出世，爸爸真的好害怕！

爸爸在待產房外面，由下午五點等見你一面，一直等到晚上十一時二十五分，突然收到由待產房護士打來的電話，說媽媽正在發燒，還說進展不太理想，需要開刀！真是嚇壞了爸爸和媽媽！

爸爸在產房外面等你們等到凌晨五時，原來你在凌晨一時的時候，已經健康地出世了！真的非常感謝你媽媽，當然還有你！

在這十個月裏，你告訴了我們：人生，有苦有甜，有折磨，有痛苦，但我們始終要把着一個微笑。

正當我們歡喜若狂的時候，上天總愛給我小考驗，怎料你患上了尿道炎！

你住醫院的期間，你媽媽每天隔三至四小時，就揉奶出來，拿去急凍，第二天就送去醫院給你，晚上也從不例外，當你媽媽睡到好累的時候，她就會在睡夢中揉奶給你，而把鬧鐘按掉！

爸爸餵你喝藥的時候，都要花點兒技巧，需要等到你肚子餓的時候，你才肯張開小口，當你把舌頭伸出來的時候，我就滴一滴抗生素在你的口裏，你立刻眉頭深鎖，已經知道與平常肚餓喝奶的味道有所不同，我趁你還沒有太多抗拒的時候，就趕緊滴第二滴入你口中，你哇哇大哭，我一邊滴，一邊和你說：女兒，你別怪爸爸，這都是為了你好。

好不容易才餵完一次的藥，叫我如何可以完成十六週的療程！你要記住，長大後要好像爸爸餵你食藥一樣，認為對的事情就要堅持，堅持，當然也有沉重的壓力，但有壓力才會成長！

　上天給了一個與別不同的爸爸給你。

　謝謝你和你媽媽，給我一次又一次的機會，給我重新找回人生意義，再一次健全。

　祝你
健康快樂！

爸爸　岑幸富
二零一五年七月二十日

4. 一切真實

　　我在醫院發那個真實的夢並沒有實現，現在就是我小時候嚮往的將來。我醜小鴨般的前半生已經過去，太太也沒有離家出走，她在家裏逗着女兒玩，女兒興奮的亂抓，突然喊了一聲「爸爸」。這是她第一次正正經經的說話，也確認了我現在的一切都是真實的。我已經不再渴望回到過去，變回健全，因為眼前的東西，和成為殘障人士之後，我得到的東西實在太多，太珍貴了，我不想變回健全而失去現在擁有的一切！

5. 身教

　　兩年後，我發的那個夢境變了真實，我開始想，怎樣教我女兒面對她的同學說：我爸爸是一個殘障人士了。

　　我和女兒在玩平衡車時，有個大約五歲的小朋友走過來問我：叔叔，為甚麼你只有一隻手？

　　我說：因為交通意外造成。

　　小朋友問：會不會再長出來啊？

　　我說：不會了。

　　我看到其他小朋友也圍了上來，評論着我，當然不會是甚麼好的說話，令我有點恍惚，以致那個小朋友甚麼時候走到我女兒旁邊都不知道，但我知道他對着我女兒笑着說：哈哈……你爸爸只有一隻手。

　　我女兒並沒有理會他，不知是女兒平時習慣了我只有一隻手，還是不理解只有一隻手為何覺得特別，繼續開心純真地玩着她的平衡車。

　　我開始有點擔心，之前我入學校分享時，我記得有位女學生問我：日後我怎樣教芷渝對她的同學說，我的爸爸是一個傷殘人士。

當時我對那女同學說：接受自己和家人的不完美，才是克服恐懼、對抗別人用取笑作為武器的最佳方法。

原來這個只是我紙上談兵的想法，根本沒有實質的生活化例子，去證明這想法是行得通的，至少我兩歲多的女兒暫時不會明白，甚麼是接受自己和家人的不完美。

所以我要改用身教，告訴女兒，爸爸只有一隻手的原因，多些陪女兒看看書，踏踏車，彈彈琴，捉迷藏，耍盲雞。

當再有小朋友笑着跟我女兒說：你爸爸只有一隻手，我希望女兒能真心笑着告訴他：有甚麼特別？我爸爸對我的愛，從來沒有缺少。

特別鳴謝

幸好遇上你們這些有心人和伯樂，令到整個過程不再是一個缺失，甚至是一個學習的機會。

新閱會「年輕作家創作比賽 2016/17」，令一個閱書量極少的作家入圍，從而出現了這本書。

張灼祥校長，謝謝你的指導，要不是遇上你，這本書早以用植牙的技術，引伸成為植手理論，成為一本科幻的小說。

高永文醫生，謝謝你願意百忙中抽空，為我寫推薦序，你在我的初稿上標注着重點，這一切對我來說都很重要，令我有很大得着，我會繼續把自己的人生，真實地活出來。

顧紀筠女士，你以最貼近本質的文字，表達了你對這作品的心靈，看完你寫的推薦序，感受到你的用心。

鍾惠玲博士，謝謝你推介高醫生給我認識，你給予的信任，令我很感動。

姚珏老師，謝謝你的欣賞和信任，邀請我一同參與千人弦樂同奏，共創健力士世界紀錄，還答應幫我寫推薦語。你給予我的這些機會，對我來說，是很珍貴。

高姑娘（Samantha），永遠記住，你拿起筆寫讀後感，我用它作為其中的推薦語，在這個行得愈來愈快的社會中，我希望讀者們不用翻開書本，在書的背面已看到你寫的推薦語，即能和我的作品彼此交流。

　　Wendy，我仍然記得，當初我的價值連最低工資都不如時，你帶我進入社福界，令我得以有個新的開始。

　　Irene，你是我第一個輔助就業的社工，多謝你推薦香港傷健協會的工作給我面試。

　　黎漢傑社長，在我覺得出版很陌生的時候，慶幸得到你的幫助，帶着我們走上出版的路。

　　何曼盈（Tina），多謝你介紹初文出版社給我們認識，令書本能順順利利出版。

　　Emily，謝謝你幫忙推介顧老闆為我寫推薦序，最感動的是，我們素未謀面。

　　Jane，你很用心為這書本的所有細節作出跟進，原來幫助，不一定只出於血緣的友好。

　　Foley，現在我更加感受到你的好。

　　Albert，你在我黑白的人生裏，為我做了第一隻拉小提琴的義肢，令我人生有了第一張彩色照片。

Joseph，最感動是你和香港中文大學，一起想辦法改良我拉小提琴的義肢。

Darwin，葉昆宜，陳守建，謝謝你們不斷令我拉小提琴的義肢有新突破，你們令我明白，原來援手，是可以這樣義無反悔地豁出去。

芯老師，永遠記住你的永續生命教育，和追求簡樸生活的態度，令我有依據去寫音樂的部份。

蔡群，謝謝你幫忙拍攝封面和部份彩頁照片，希望你的才華亦可早日得到更多認同。

維維（Wendy），由開始創作到遞交作品，你都享受地參與其中，每次聽你意見，都令我獲益良多。

張宗達，胡美欣，最感激你倆不止義務幫我畫這書的封面去參賽，還為本書盡了很多努力，雖然你們的手繪封面最後放在本書的內頁，你們依然不介意，我深深感謝你們。

假如我再次健全

作　　　者：岑幸富
責任編輯：黎漢傑
責任編輯：余可婷
設計排版：Zoe Hong
攝　　　影：蔡　群
法律顧問：陳煦堂 律師

出　　版：初文出版社有限公司
電　　郵：manuscriptpublish@gmail.com

印　　刷：陽光（彩美）印刷公司

發　　行：香港聯合書刊物流有限公司
地　　址：香港新界大埔汀麗路 36 號
　　　　　中華商務印刷大廈 3 字樓
電　　話：852-2150-2100
傳　　真：852-2407-3062

臺灣總經銷：貿騰發賣股份有限公司
地　　址：新北市中和區中正路 880 號 14 樓
電　　話：886-2-82275988
傳　　真：886-2-82275989
網　　址：www.namode.com

版　　次：2018 年 7 月初版
國際書號：978-988-78667-4-9
定　　價：港幣 88 元　新臺幣 310 元

Published and printed in Hong Kong

香港印刷及出版
版權所有，翻版必究